L'Odyssée de l'entreprise

Gianmarco Monsellato

L'Odyssée de l'entreprise

Nouveaux dirigeants, nouvel humanisme

Odile Jacob

NB. Le texte utilise le genre masculin par souci de simplicité et selon l'usage, mais évoque aussi bien le leadership des femmes que celui des hommes.

3, rue Auguste-Comte, 75006 Paris

www.odilejacob.fr

ISBN : 978-2-4150-1132-1

À Anne-Hélène.
À Thomas, Adrien et Diane.

Introduction

17 mars 2020. Face au virus de la Covid-19, la France se confine, huit jours après l'Italie. Le domicile privé devient le lieu de vie, quasi exclusif, à l'exception des travailleurs essentiels au fonctionnement de la société dont on découvre qu'ils n'étaient pas, avant cette date, les mieux valorisés. Les bureaux sont vides, les transports à l'arrêt, les villes fantomatiques. Les États démocratiques assument leurs responsabilités de manière exemplaire, ce qui ne sera pas le cas de leurs homologues totalitaires. Pendant un temps, on oublie le travail et l'économie. Puis on se demande ce qui va advenir de son salaire ou de son revenu. L'entreprise va-t-elle survivre ? Un monde sans entreprise va-t-il émerger ? La réponse ne viendra jamais car, très vite, les entreprises font preuve d'une extraordinaire résilience. Évidemment, elles ont été aidées par les États. Mais surtout par leurs salariés. Contrairement à toutes les prévisions, les salariés démontrent un profond attachement à leur entreprise. Ils continueront de travailler, parfois à l'excès, dans des

conditions dégradées. La description du travail comme une souffrance s'efface devant la réalité de son importance dans les vies individuelles.

Portées par l'engagement de leurs salariés, les entreprises font preuve d'une remarquable capacité d'adaptation. Elles prennent en charge, à distance, leurs salariés, leurs clients, leurs actionnaires. Elles ont résisté à l'impensable. Ce faisant, elles ont démontré qu'elles représentaient une partie indispensable de notre monde. Même les œuvres de science-fiction les plus dystopiques n'imaginent pas un monde sans entreprises.

Ce n'est pas surprenant, tant l'entreprise est devenue omniprésente en ce début de millénaire. Si Aristote revenait à la vie, il commencerait sa *Politique* par : « L'homme est un animal économique. » Les discours politiques, éducatifs, sociologiques, et même philosophiques, s'approprient tous le concept de l'entreprise, le plus souvent de manière manichéenne. Elle représente soit un idéal d'organisation à promouvoir, voire à aider, soit un lieu d'aliénation à combattre ou à contraindre. L'ensemble de notre société pense et interpelle l'entreprise, à tel point qu'un nombre croissant de dirigeants se sentent mal à l'aise face à une exposition politique et sociétale qu'ils pensent extérieure, voire étrangère, à leur entreprise. D'autres, il est vrai, embrassent à bras-le-corps cette exposition, allant parfois jusqu'à mettre en péril la qualité de leur gestion, passant plus de temps sur les estrades publiques qu'au sein de l'entreprise dont ils ont la responsabilité.

La plus grande partie des projets politiques, du moins en Occident, est centrée sur l'entreprise. Sur son impact sur la société, sur la répartition des richesses qu'elle crée, sur la nécessité de l'aider quand elle n'en crée pas, sur ses emplois, ses investissements technologiques, sur la façon de la taxer, etc. Les programmes politiques se définissent et se distinguent en grande partie par leur positionnement sur ce sujet. Depuis la chute du mur de Berlin, la théorie économique a remplacé l'idéologie politique. À tel point que le fait de ne pas avoir un emploi, c'est-à-dire de ne pas participer au monde de l'entreprise, est devenu un marqueur social négatif, une situation qui ne doit pas perdurer. Remarquable inversion sociale par rapport au début du XXe siècle, à Paris ou ailleurs en Europe, et même aux États-Unis, où c'était l'inverse. Travailler pour gagner sa vie, c'est-à-dire avoir un emploi autre que celui au service de la nation, était accepté, juste toléré parfois, mais certainement pas posé en modèle. La hiérarchie des établissements d'enseignement supérieur en est un bon exemple. Il y a encore moins d'un demi-siècle, l'orgueil était d'être diplômé de l'Ivy League américaine en humanités et non pas des *business schools*, dont on sortait presque honteux. En France, berceau des grandes écoles, Normale sup ou Polytechnique étaient infiniment plus prestigieuses que l'école d'épiciers qu'était HEC. Cinquante ans plus tard, force est de constater que le référentiel s'est inversé et que la réussite de ces établissements se juge désormais à l'aune des salaires de sortie, donc des emplois auxquels ils préparent.

C'est sans surprise que l'entreprise est devenue un sujet de discussion universel, et chacun a un avis sur son rôle. Cette universalité est paradoxale car l'entreprise n'est pas un concept défini clairement. Il englobe des réalités très différentes, du géant du CAC40 à l'entreprise unipersonnelle, de celle où le commentateur travaille le cas échéant à celles dont il ignore tout. Sa définition est d'autant plus difficile que son sens a beaucoup varié à travers les âges.

L'entreprise ne revêt la nature économique que nous lui connaissons aujourd'hui qu'au XVIIIe siècle. Le terme existe au Moyen Âge, mais dans la sphère militaire. Elle englobe les aventures de maîtres de guerre qui engagent des petites armées soit pour se mettre au service de seigneurs, soit pour piller. Ainsi que l'analyse Hélène Vérin dans son ouvrage de référence *Entrepreneurs, entreprise. Histoire d'une idée**, ce n'est qu'au XIVe siècle que le terme « entreprise » va se séparer de celui d'« emprise » : ce dernier désigne le combat, alors que le premier recouvre la stratégie et les actions pour y parvenir. À cette époque, l'entreprise se veut chevaleresque et désigne une quête, parfois profane, parfois mystique, qui est l'apanage de la noblesse. À partir du XVIe siècle, sur le territoire transalpin, le terme va désigner l'œuvre des

* Hélène Vérin, *Entrepreneurs, entreprise. Histoire d'une idée*, Classiques Garnier, coll. « Histoire des techniques », 2011.

condottieri, pas toujours nobles, qui seront à l'origine de la Renaissance, elle-même à l'origine de l'entreprise moderne ainsi que nous l'analyserons plus tard.

Le XVIIIe siècle est évidemment celui d'Adam Smith, mais ce n'est pas lui qui va le mieux définir le concept d'entreprise qui est en train de naître. Ce sont deux Français qui le feront, dont la vision nous éclaire sur la nature de ce concept dont notre époque parle tant et qu'elle connaît si peu. Le premier est Jean-Baptiste Say, dans son *Traité d'économie politique*, dont la définition de l'entrepreneur est d'une remarquable modernité : « Ce qui distingue l'entrepreneur, ce sont les facultés industrielles, son talent naturel, ou acquis, son activité et non pas le fait qu'il possède des biens-fonds ou des capitaux. » À l'époque, la Grande-Bretagne rechigne à séparer l'économie de la propriété foncière et de sa rente. Les philosophes français, dans ce XVIIIe siècle qui marquera la fin d'un ordre ancien, explorent au contraire la possibilité d'une économie de flux, d'intermédiation, de prises de risques qui remettent en cause les rentes séculaires. Ce sont eux, et en premier Jean-Baptiste Say, qui formeront la matrice intellectuelle du libéralisme américain.

L'entreprise n'est donc pas née d'une accumulation du capital, mais d'une libéralisation du commerce permettant de créer de la richesse à partir d'actions individuelles et non plus simplement à partir de rentes héréditaires. Le capitalisme qui sera tant décrié par les marxistes est une conséquence de l'économie libérale et non sa matrice. Le point est d'importance pour appréhender la nature de l'entreprise et des entrepreneurs. L'entreprise a à voir avec la liberté. Elle relève d'un choix de vie philosophique comme l'analyse un autre penseur français du XVIIIe siècle, abondamment et brillamment commenté dans l'ouvrage d'Hélène Vérin. Elle résume la pensée de Richard Cantillon ainsi : « [les entrepreneurs sont] la classe de ceux qui vivent à l'incertain, qui doivent constamment réfléchir, user de raison. L'entrepreneur est l'homme rationnel par excellence, parce qu'il œuvre dans une société marchande où tout se règle par la concurrence sur le marché, où il faut savoir mesurer le probable, où l'on ne peut décider que pour avoir délibéré, jugé. L'entrepreneur, un homme qui se trouve donc, à l'instar du philosophe, comme contraint d'entreprendre lui-même de se conduire. » La référence, *in fine*, au *Discours de la méthode* de Descartes souligne le caractère philosophique de l'entreprise qui se fait jour au siècle des Lumières. Entreprendre est un choix de vie, un rapport à la société humaine fondé sur le rejet d'un ordre préétabli, pour explorer l'incertain grâce à la raison. On est bien loin de la caricature de l'école de Chicago qui, deux siècles plus tard, ne verra dans l'entreprise qu'un centre de création de profits destinés aux actionnaires.

Dès son origine, l'entreprise est le reflet d'un rapport à la société. Elle incarne la volonté de s'émanciper d'un ordre établi, héréditaire, arbitraire, uniquement politique. Elle part de la conviction que le travail, détaché de la propriété foncière, peut créer un bien-être social plus important. C'est la conviction des Médicis à la Renaissance, c'est celle de Cantillon, ce noble français qui fera fortune, sans la perdre, avec le système de Law. Tous ces entrepreneurs d'il y a plusieurs siècles étaient convaincus que la création de flux économiques, fondés sur l'investissement et la prise de risque, façonnerait un monde meilleur. Dans le cas des Médicis, comme dans celui de leurs concurrents de la Renaissance italienne, économie et guerre vont de pair. Outre que l'origine même du concept d'entrepreneur vient de la guerre, ce n'est guère surprenant car le conflit armé induit la nécessité de concevoir et de déployer une stratégie pour affronter le risque en espérant en retirer un succès.

Pour en revenir au XVIIIe siècle où le concept d'entrepreneur prend son envol, un dictionnaire de l'époque, celui de Furetière, définit le mot « entreprendre » de la façon suivante : « Résolution hardie de faire quelque chose* ». Tout est là.

Entreprendre suppose une résolution créatrice, une volonté de faire, d'affronter les risques de l'opération. Entreprendre suppose du courage. Ce n'est pas un simple discours, car toute vraie entreprise produit des choses, matérielles ou immatérielles, qui, en tant que telles, ont un impact sur la société.

En réalité, à son origine, l'entreprise est subversive. Elle veut changer un ordre établi, en modifiant

* Hélène Vérin, *Entrepreneurs, entreprise*, *op. cit.*

l'équilibre social par la production de richesses. Elle déstabilise une économie de la rente, issue du bon vouloir du souverain, en introduisant un espace créatif dépendant de la liberté individuelle. Le grand opposant à la pensée de Jean-Baptiste Say, Boisguilbert, aristocrate français parfaitement intégré au sérail monarchique, critiquait vertement les entrepreneurs qui perturbaient l'ordre établi par l'État. Adam Smith, écrivant dans une Angleterre qui demeure méfiante vis-à-vis des tentatives de déstabiliser l'ordre foncier, tentera de réconcilier souverains et entrepreneurs en argumentant que la somme des initiatives individuelles sert le bien commun. La « main invisible » gommait quelque peu le côté subversif de l'entrepreneuriat.

Entreprendre est ainsi un acte de liberté militant. C'est refuser un *statu quo* pour créer quelque chose de différent. C'est vouloir tisser des liens sociaux fondés sur le libre choix d'individus maîtres de leur destin. Depuis plusieurs siècles, les oppositions à l'entrepreneuriat, et à son cadre conceptuel qu'est le libéralisme économique, relèvent de logiques totalitaires où le pouvoir politique, quelle que soit sa forme, n'accepte pas l'existence d'espaces sociaux indépendants de sa volonté. À l'inverse, les régimes démocratiques se nourrissent du foisonnement de l'entrepreneuriat.

Ce voyage dans le temps nous permet de comprendre à quel point l'entreprise est un rapport au monde, à la société, à quel point elle est bien plus qu'une machine à faire du profit, qu'une structure hiérarchique fermée sur elle-même. La question de notre temps est la nature de ce rapport à la société dans un monde confronté à une mutation historique. Comment cet agent de changement qu'est l'entreprise va-t-il évoluer dans un environnement qui connaît des ruptures profondes ? Comment l'entrepreneur, dont le projet est de modifier son environnement, va-t-il intégrer les changements induits par ce dernier ? Comment l'entreprise va-t-elle se redéfinir pour continuer à être un agent de changement aligné sur les mutations du monde qui l'entoure ?

Pour cela, elle doit se confronter à quatre mutations historiques. La première est le retour de la géopolitique, jusque-là largement ignorée des comités exécutifs et du conseil d'administration. La chute du mur de Berlin n'aura finalement pas marqué la fin de l'Histoire. La globalisation qui a défini l'environnement économique du dernier demi-siècle change de nature. Elle ne disparaît pas, mais se fragmente. Le commerce n'est plus universel, mais s'organise par blocs politiques. Rivalités et partenariats coexistent de manière instable mais durable. Ainsi, l'année 2022 traversée par les tensions entre les États-Unis et la Chine marque un record historique de transactions entre les deux pays. L'ère Covid-19 a démontré par l'exemple que l'on ne peut pas arrêter le commerce mondial, que nos sociétés en sont structurellement dépendantes.

Pourtant, cette globalisation fragmentée nourrit un retour des nationalismes, conduisant parfois à des conflits armés. Des nationalismes d'un nouveau genre car s'ils revendiquent une identité exclusive, ils utilisent les moyens de la globalisation pour la promouvoir. Nationalistes oui, mais sur une scène mondiale. Lorsque les tensions ne débouchent pas sur une guerre, elles conduisent à des environnements incertains et de plus en plus complexes à opérer pour les entreprises. Elles doivent gérer leurs chaînes d'approvisionnement en intégrant ce nouveau risque géopolitique. En effet, la globalisation est devenue un universel subjectif. Tous les pays la pratiquent, mais chacun avec sa vision propre de ce qu'elle doit devenir, et chacun tente de l'influencer, voire de la contrôler, en édictant des règles nationales qui ne peuvent que venir en conflit les unes avec les autres, ou aboutir à une profonde incompréhension.

Ainsi, Paris ou l'Europe voient dans l'initiative chinoise « Nouvelle Route de la soie » un programme porteur d'investissements dont certains pays ont besoin, mais aussi porteur d'une volonté d'ingérence chinoise qu'ils tentent de contrôler, notamment en demandant plus de réciprocité. Pourtant, à Pékin, cette initiative porte un autre nom, très différent : « Belt and Road Initiative ». Rien à voir avec une route de la soie, concept issu de l'Antiquité romaine, donc très occidental, qui suppose une bilatéralité. Or, du point de vue chinois, ce plan d'investissement n'a, par définition, pas d'autre objectif que d'attirer des ressources vers la Chine pour alimenter son développement. Demander de la réciprocité dans un cadre conçu comme unilatéral relève d'un malentendu générateur de tensions.

Pour prendre un autre exemple, pour partie dérivé du premier, l'Europe, surtout la France, s'émeut de l'influence croissante de la Chine, *via* ses investissements, en Afrique. En se focalisant sur l'impact de la prétendue Nouvelle Route de la soie en Afrique, elle perd de vue les investissements indiens, parfois plus importants que ceux chinois, ou ceux en provenance du Moyen-Orient. L'Europe analyse l'Afrique à l'aune de son histoire propre, alors que l'Afrique gère les enjeux de son développement en se tournant davantage vers l'Orient, ce qui est d'ailleurs parfaitement cohérent avec son histoire.

Au milieu de cette complexité, l'entreprise doit intégrer l'analyse politique dans sa stratégie. C'est une nouveauté importante, dans la mesure où, jusqu'à présent, les entreprises se sont toujours considérées comme exogènes au monde politique. Or le fait que notre société soit de plus en plus gérée par l'économique induit une emprise du politique plus forte sur le monde de l'entreprise.

Deuxième mutation, le retour de l'inflation. Toute une génération d'entrepreneurs, industriels ou financiers, a vécu dans un monde d'argent gratuit, où la dette crée magiquement de la richesse. Nombreux sont les *business models* qui ont été construits autour d'une croissance rapide du chiffre d'affaires, par acquisition de parts de marché ou de sociétés, financée par une dette qui ne coûte rien, voire à coût négatif. Les salaires, en Occident, ont pu être modérés grâce à un recours important à la dette privée pour soutenir le pouvoir d'achat, notamment immobilier. Force est de constater que la magie de la dette a disparu. L'aberration historique de l'argent gratuit est close, les États et banques centrales n'ayant plus les moyens de maintenir leurs politiques monétaires très accommodantes. Les conséquences ne peuvent être que majeures. De nombreuses entreprises sont déstabilisées par un coût de la dette qui dépasse désormais leur rentabilité opérationnelle. La qualité de gestion redevient critique. En effet, il n'est pas très difficile de dégager une rentabilité supérieure au coût de la dette lorsqu'il est de 0. La capacité à voir grand, à lever de la dette, fait alors office de pensée stratégique, ainsi que la saga WeWork l'a illustré. En revanche, dégager une rentabilité supérieure proche de 10 % est une autre affaire et requiert des talents de gestion tombés en désuétude depuis quelques décennies : stratégie réaliste, capacité à l'articuler opérationnellement, rigueur financière, etc. Dans un monde de prix en hausse, la *start-up nation* fait place à la *strategic nation.*

Ce n'est pas sans conséquences pour les États qui, eux aussi, sont endettés. Or les politiques nationales demeurent fondées sur le dogme de la dépense publique devenue l'incarnation de l'action politique, ce qu'elle n'était pas historiquement. La France en est l'exemple le plus frappant, mais nos voisins européens et américains ne sont pas non plus indépendants de ce dogme. Face à l'envolée du coût de la dette, la solvabilité des États est questionnée. En Europe, la France et l'Italie sont sous surveillance. Même les États-Unis ne peuvent plus ignorer le risque lié à leur endettement. Il est d'ailleurs paradoxal de noter que les États qui mettent le plus en avant leur volonté de souveraineté sont les plus endettés. Or, face à la pression financière, les États risquent de ne pas avoir d'autre choix que d'augmenter les impôts. Ce faisant, ils sacrifieront la compétitivité de leur économie au service de leur dette nationale. L'augmentation des impôts sur les particuliers, dans les pays déjà très taxés et où l'impôt ne repose que sur une minorité d'individus comme la France, entraîne un risque politique significatif.

Le risque posé par l'inflation financière est d'autant plus important qu'il est corrélatif d'une déflation démographique en Europe, aux États-Unis, en Chine et au Japon principalement. Or les politiques d'investissement servent à financer les retraites, à l'exception notable de la France qui les subventionne indirectement par la dépense publique, transférant à l'État ce qui est principalement la responsabilité des acteurs privés ailleurs dans le monde. La baisse démographique entraîne une nette augmentation du poids relatif des retraités dans la société. Dès lors, les prochaines décennies vont être confrontées à des flux de désinvestissements nets importants puisque les retraités seront pratiquement partout plus nombreux que les actifs. Les rentiers seront nettement plus importants que les entrepreneurs. Larry Fink, président de BlackRock, a averti sur les conséquences pour les investisseurs de cette bombe démographique.

L'immigration pourrait être un élément de réponse à ce défi mais, de manière intéressante, les États qui en auraient le plus besoin sont aussi ceux qui y sont les plus hostiles.

L'accès au capital risque donc de se restreindre et de devenir plus cher, pesant ainsi sur le développement des entreprises. Cela au moment où le besoin de financement est massif pour entamer une mutation écologique – la troisième mutation.

La grande affaire de ce siècle sera le chamboulement de la théorie économique sous-jacente au libéralisme depuis des siècles. La nature y est considérée comme un invariant infini. C'est la constante de l'équation linéaire dont on ne se soucie pas quand on calcule les dérivées pour prévoir le futur. Force est de constater que cette conception est erronée. L'humain du XXIe siècle découvre que la nature est finie, et que son mode de vie n'est pas pérenne. Ce n'est pas la planète qui va disparaître, mais c'est bien nous qui le risquons si nous n'inventons pas un mode de vie plus en harmonie avec notre environnement. Après une assez longue phase de déni vient celle de l'action.

Les entreprises sont en première ligne dans cette mutation, puisqu'elles sont la principale expression de notre rapport au monde. Évidemment, il existe encore des débats sur la nécessité d'agir plutôt que de laisser faire. La qualité des débats est assez pauvre puisqu'ils opposent une pensée scientifique à des opinions qui relèvent de la pensée magique. En tout état de cause, les entreprises doivent désormais intégrer leur impact sur l'environnement dans l'estimation de leurs performances. Jusqu'à présent, l'entreprise était gérée en trois dimensions : les actionnaires, les clients et les employés. Désormais, une quatrième dimension est ajoutée, l'environnement. Cela introduit une gestion des externalités dans la direction de l'entreprise qui l'amène à se décentrer vers l'extérieur. Son mode de gestion ne peut qu'en être profondément modifié. Ce n'est cependant pas surprenant puisque toute entreprise vise à modifier le monde qui l'entoure. Ce qui est nouveau, c'est que ce monde qui l'entoure questionne cette modification.

On aurait tort de croire que ce n'est là qu'un sujet européen. Il est aussi très présent aux États-Unis, avec son lot de débats. La Chine, avec son économie planifiée, l'intègre aussi dans tous les nouveaux investissements. Chaque partie du monde va répondre de manière finalement peu homogène à cette question universelle. Ce seront les entreprises internationales qui auront la responsabilité d'apporter une certaine cohérence.

Enfin, la dernière mutation, l'avènement de l'intelligence artificielle. L'IA n'est pas nouvelle, elle est aussi ancienne que les algorithmes. Ce qui est nouveau, ce sont la puissance de calcul et la masse de données auxquelles elle a accès. Nul doute que le XXIe siècle sera celui de l'IA. Elle entraînera une automatisation d'un grand nombre de tâches intellectuelles. L'impact social est évident. Des tâches qui jusque-là étaient l'apanage des humains, car elles nécessitaient une éducation et une formation technique continues, seront effectuées exclusivement par des machines. De nombreuses expertises seront déshumanisées. Pour l'entreprise, c'est toute son organisation qui en sera modifiée. De nouveaux modèles de gestion des talents sont à inventer. Pour les États, l'impact sur les modèles d'éducation et sur le taux d'emploi sera aussi majeur. Pour l'ensemble des acteurs de la société, ce sont les modes de prise de décision qu'il faut repenser. Jusqu'à présent, tout décideur arbitre en fonction des analyses humaines qu'il reçoit. Il peut utiliser l'empathie pour y déceler des biais et décider en connaissance de cause ce qui est le mieux pour la collectivité. Il peut comprendre le chemin intellectuel menant aux avis reçus et décider de manière indépendante. Demain, avec l'IA, le décideur recevra des analyses d'une machine dont il sera incapable de reproduire les équations menant à la décision. Il ne pourra plus, à proprement parler, décider en connaissance de cause. Il faut donc inventer un nouveau mode de prise de décision. C'est le futur de l'intelligence, la vraie, l'humaine, qui est en cause.

L'entreprise va devoir repenser l'intégralité de son mode de gestion pour continuer à être compétitive, donc à exister. La question la plus ardue sera la différenciation dans un monde où tous les concurrents décident à partir d'IA. Les algorithmes sont efficients, mais pas créatifs. Ils ne font qu'extrapoler à partir du passé, bien mieux que nous ne pouvons le faire. Toute IA est déterministe. Or le déterminisme est contraire à l'esprit d'entreprise. L'entreprise ne pourra alors se contenter d'intégrer la technologie : elle devra la maîtriser, et le faire de manière distinctive par rapport à ses concurrents pour créer de la valeur, pour elle, ses actionnaires, ses clients, ses employés et pour la société.

Cette résolution hardie de faire quelque chose n'a sans doute jamais été aussi passionnante et risquée et les enjeux jamais aussi importants. Entreprendre dans un monde en basculement historique dépasse la simple gestion. Cela renvoie à l'essence même de l'entreprise, à son origine : la volonté de changer le *statu quo*, de contribuer à un nouveau monde en partant de liens individuels qui se multiplient. L'entreprise, et avec elle toute l'économie, repose sur le désir, la volonté de contribuer à un avenir désirable.

Comment y parvenir ? Comment réconcilier les attentes des quatre principales parties prenantes de l'entreprise, actionnaires, clients, employés et société ? Comment diriger une organisation où les individus, les collectivités sont influencés par des faits politiques que l'entreprise ne peut maîtriser ? Comment générer un engagement individuel et collectif dans un monde où les coûts technologiques dépassent les salaires, où les décisions dépendent d'algorithmes ? Comment créer une richesse qui n'engendre pas d'appauvrissement corrélatif ? Comment rester fidèle à l'énergie subversive de la Renaissance dans une société de moins en moins tolérante, où les débats deviennent de plus en plus polarisés et hystérisés, notamment *via* les réseaux sociaux ?

C'est justement parce que le monde qui entoure l'entreprise est devenu si ambigu, incertain et volatil que le rôle de l'entreprise est si important. Elle incarne une aventure fondée sur le désir, mais guidée par la raison, à la recherche de nouveaux équilibres. Une aventure qui refuse tout déterminisme pour tracer son propre chemin. À l'instar d'Ulysse il y a trois mille ans, sans doute l'ancêtre de tous les entrepreneurs. Mais quelle Ithaque recherche-t-elle ? Quelle peut être la boussole du dirigeant, de l'entrepreneur, de toutes celles et tous ceux qui s'intéressent à cette singulière création qu'est l'entreprise ?

Toute boussole suppose un référentiel historique que nous décrirons en premier lieu. À partir de là, nous éclairerons les routes qui semblent les plus prometteuses et leurs conséquences sur les voyageurs. Non pas pour donner les clés de l'accès à Ithaque, mais pour éclairer une traversée qui s'annonce mouvementée.

CHAPITRE 1

À la découverte d'un nouveau monde : le capitalisme des parties prenantes

La démultiplication et la rapidité de l'information, la croissance exponentielle des contenus, bien supérieure d'ailleurs à nos capacités de stockage, le vertige de l'intelligence artificielle nous semblent parfois bien lointains quand la guerre est de retour sur notre continent, quand nos vies sont mises entre parenthèses par une pandémie mondiale, quand le climat se dérègle. Après la course à l'immédiat, il est temps de revenir au temps long. Face à la résurgence de l'histoire et de la géographie, d'une histoire économique et sociale profondément liée à l'histoire politique, je pense qu'il est nécessaire de dresser un panorama original de l'entreprise comme phénomène historique et des mutations des liens entre entreprise, État et société depuis la Renaissance. Car l'histoire de l'entreprise porte en elle les germes de l'évolution à laquelle les temps présents l'appellent.

Aux sources de l'entreprise capitaliste

LES QUATRE DIMENSIONS DE L'ÉCONOMIE D'ENTREPRISE

À la Renaissance, l'entreprise se crée dans une approche unidimensionnelle avec au cœur le capital, ses actionnaires. Avec les premières révolutions industrielles, les clients et la recherche de débouchés commerciaux ajoutent une deuxième dimension, avec comme prolongement des logiques protectionnistes et coloniales. Au cours du XIXe et surtout au XXe siècle, les employés deviennent une troisième dimension à part entière, entre massification du travail, luttes sociales, puis nouvelles formes d'organisation du travail (taylorisme, fordisme, etc.). Le début du XXIe siècle en ajoute une quatrième : les parties prenantes pertinentes, achevant la transition du capitalisme actionnarial au capitalisme des parties prenantes.

À chaque ajout de dimension, la complexité de gestion de l'entreprise croît de façon exponentielle. Surtout, les nouvelles dimensions transforment le rôle historique de l'entreprise. Chaque passage d'une dimension à l'autre est synonyme d'une mutation historique majeure. Les *condottieri* de la Renaissance transforment la société et influent sur la politique des États. Avec la révolution industrielle, l'appétit des entreprises crée les empires. Le développement exponentiel de l'économie et le travail de masse engendrent l'exode rural et, par voie de conséquence, la démocratie de masse.

Si les trois premières mutations constituent une phase d'exploration où l'entreprise agit sur le monde en intégrant de nouveaux champs, la quatrième phase représente une limite d'une autre nature, car l'entreprise entre en contact avec la finitude de son environnement, finitude qui questionne son identité même.

À LA SOURCE DU CAPITALISME, UNE RÉVOLTE CONTRE LA RARETÉ

On assimile souvent marché et accumulation du capital, soit pour les louer, soit pour les critiquer avec virulence, mais toujours en les confondant. Zélateurs ou procureurs font rarement la distinction entre l'espace théorique ou concret qu'est le marché et la réalité, elle aussi conceptuelle ou pratique, qu'est l'accumulation du capital. Le capitalisme, pourtant, est bien la combinaison des deux : du capital qui s'accumule, bien sûr, et un marché.

Ricardo explique les vertus d'un marché international qui permet à chaque nation de spécialiser sa production autour de ses points forts et d'acheter le reste, faisant ainsi baisser les coûts des transactions tout en augmentant la qualité d'ensemble. De son côté, Schumpeter analyse l'impérieuse nécessité de désinvestir d'affaires devenant obsolètes pour innover et ainsi créer un cercle vertueux de croissance économique. Les deux toutefois ne s'intéressent guère à l'accumulation qu'engendre le capitalisme. Il faudra attendre Marx pour comprendre que l'économie de marché entraîne une accumulation qui, sans régulation, cause sa fin pour aboutir à une économie de monopoles ou de rentes.

De manière intéressante, cette philosophie marxiste constituera le terreau du corpus juridique américain sur l'antitrust du XXe siècle. L'économiste Thomas Philippon, professeur à la New York University, estime même que l'abandon de cette philosophie aux États-Unis au XXIe siècle est la cause de la perte de dynamisme économique américain, condamné à recourir à des subventions publiques massives pour maintenir son leadership économique (*The Great Reversal*). La transformation de la société américaine en une société de rentes, « à l'européenne », expliquent certains, ne peut qu'entraîner des tensions sociales fortes dans un pays construit sur l'ascension sociale, tensions qui ne sont pas étrangères à la crise politique que connaît ce pays.

L'accumulation est la conséquence du capitalisme, mais aussi sa menace existentielle. Pour autant, il est indéniable qu'elle est à son origine. Accumulation : le mot est lâché. Il est courant de définir l'économie ou la gestion, en tant que disciplines, comme les sciences de l'allocation des richesses sous contrainte de rareté. Allocation et rareté, tout est là : répartir aux fins de consommation et de production (les deux formant un cycle), mais répartir dans un contexte fini. Après tout, les premiers traités économiques étaient l'œuvre de patriciens romains et consacrés à la gestion de leurs domaines ruraux, après la deuxième guerre punique et la destruction d'une grande partie du potentiel agricole italien.

L'allocation, c'est le rôle du marché : marché des biens, des services, du travail, qu'il faut répartir... puisqu'ils sont rares. La rareté se donne donc à voir comme la racine du capitalisme, dont l'objectif est de s'en affranchir et qui met tout en œuvre à cette fin. Face à la pénurie, au manque, à l'incertitude et à l'inconfort provoqués par la rareté, la réaction humaine est d'accumuler. Réaction à double sens, on le voit bien : avidité, peur animale, égoïsme... peut-être. Mais aussi élan vital de l'invention qui fait appel au plus spirituel en l'humain : goût du risque, sens du sacrifice, capacité à se projeter dans l'espace et le futur, rationalité et rêve de progrès sans fin.

Les tensions entre « altermondialistes » et « ultralibéraux » sont ici résumées dans leur dimension caricaturale et elles étaient en germe dès l'aube du capitalisme. En accumulant, le capitaliste cherche à se dégager des marges de manœuvre inédites. Il l'a évidemment toujours fait. Une caractéristique historique de l'Empire romain, aussi unique qu'ignorée, est que sa capitale Rome a connu la plus grande centralisation de richesses de l'histoire du monde. À ce jour, et en valeur relative, New York et Pékin ne l'ont pas égalée.

De la Renaissance à nos jours, les pionniers de l'entreprise

LE TEMPS DE L'ACCUMULATION : LA RENAISSANCE

Accumulation, donc. C'est à la Renaissance qu'en cette matière, comme en bien d'autres, tout s'accélère. Il y eut des richesses avant le XVIe siècle, certes, des richesses considérables : des empires. On l'entend instantanément : ces empires étaient les fruits de conquêtes et reposaient davantage sur la spoliation que sur l'accumulation par la transaction. L'accumulation était là, mais pas le marché. Et donc pas le capitalisme. Il y avait eu d'abord l'expansion médiévale. « Pour autant, et même à l'échelle des flux “internationaux”, les activités commerciales médiévales se développèrent dans un univers de contraintes de tous ordres (techniques, monétaires, réglementaires, ecclésiastiques, organisationnelles, mentales, etc.) que, globalement, les marchands médiévaux acceptaient comme des données intangibles*. » C'était le marché, sans l'accumulation. Toujours pas de capitalisme, donc.

Mais c'est bien à la Renaissance que ces contraintes disparaissent. Le « marché », espace physique d'un

* Serge Walery, *Les Hommes d'affaires de la Renaissance et l'« esprit du capitalisme »*, Forum de la régulation 2003, École normale supérieure.

quasi-troc, dont la grande foire est l'émergence la plus représentative, se désincarne et laisse la place au commerce avec le lointain. Organiser des réseaux pour transmettre l'information et battre de vitesse ses concurrents sont les conditions du succès. Inventer la monnaie ou son équivalent : la lettre de change et le crédit qui va avec. Recréer la rareté chez soi, mais artificiellement : les épices ou les soieries, rares ici, abondantes au loin. Le fait marquant est que le basculement de la Renaissance marque le passage d'une économie de l'accumulation à une économie de l'investissement marquée par une irruption inédite de la concurrence.

L'histoire de Venise est un éloquent symbole. La nouvelle Rome des lagunes domine le monde marchand des XIVe et XVe siècles, grâce à son monopole du commerce sur l'Adriatique. Toutes les marchandises en provenance de l'Empire byzantin, et plus loin de l'Asie, à destination de l'Europe passent par elle. Tous les produits alimentaires y transitent : céréales de Chypre, vins et fromages de Crète et de Sicile, viandes de Bosnie, huile des Pouilles, safran de Catalogne, fromage de Barbarie, etc. C'est bien une « économie-monde » qui s'est constituée à Venise à cette époque, dont le volume d'affaires était évalué à 1 million de ducats par an*.

La rupture est venue de la chute de Constantinople et de l'émergence de l'Empire ottoman. Venise perd ses relations d'approvisionnement privilégiées et d'autres

* Élisabeth Crouzet-Pavan, *Venise. VIe-XXIe siècle*, Belin, 2021.

acteurs apparaissent. La concurrence fait irruption dans le monde si stable des doges et bientôt elle entamera une irrémédiable sortie de l'Histoire de celle qui se considérait comme la nouvelle Rome. C'est le moment de la Renaissance où l'investissement – et son corollaire la concurrence – commence à écrire une autre histoire de l'accumulation.

Entre les deux ? L'aventure. À l'issue : plus de capital encore. Trois figures entrepreneuriales dominent par conséquent l'époque : le *condottiere*, l'armateur et le banquier. Le *condottiere* est ce mercenaire qui pilote sa *compagnia di ventura*, sa « compagnie d'aventure ». Militaire, certes, mais indépendante, une vraie entreprise en somme. L'issue de conflits territoriaux dépend de leur participation. Leurs chefs, pour certains d'entre eux, deviendront de hauts personnages et fonderont des dynasties avant de rentrer dans le rang. Citons par exemple Sforza à Milan, Colleoni à Venise, Ferrucci à Florence ou Baglioni à Rome. Comment ne pas voir dans le mot *ventura* un lointain ancêtre du venture-capital d'aujourd'hui ? Les batailles ne sont plus le fait de la poudre et du fer mais se jouent dans l'innovation, les puces, l'IA, la tech, les molécules, la biotech, etc.

Notons que la matrice militaire donne naissance à la fois à l'État et à l'entreprise, en quelque sorte. Si Hume a raison quand il affirme : « [*Military*] *camps are the true mothers of cities* » – que l'on pourrait traduire par « le camp militaire est la vraie mère de la cité », et donc de la politique –, cela s'applique également au capitalisme.

La raison en est simple : l'économie de guerre, le fait que la guerre soit associée à un risque existentiel pour un État, lève artificiellement les limites de la rareté. C'est la naissance du « quoi qu'il en coûte ». Il est notable, à cet égard, que le capitalisme d'innovation américain, la Silicon Valley, la nouvelle économie, etc., aient été et continuent d'être largement soutenus par la fameuse Darpa, la Defense Advanced Research Projects Agency, émanation du ministère de la Défense.

Pendant longtemps, guerre et économie sont liées, l'armée étant le premier émissaire d'une certaine économie de marché. Ainsi, le Japon ne s'ouvrira au commerce américain, et occidental, que sous la menace de la flotte de guerre américaine. L'ère Meiji est née d'une perte de souveraineté. Perte qui entraînera un foisonnement artistique et politique sans précédent qui ira jusqu'à influencer l'art européen dans un curieux phénomène de globalisation artistique. Ces liens entre guerre et économie ne cesseront qu'au XXe siècle avec la perspective d'une destruction totale.

Mais revenons à la Renaissance. Une fois les États consolidés dans des limites certes restreintes, mais suffisantes pour permettre l'émergence d'une classe aisée plus nombreuse, quel est le moteur de l'expansion, de la croissance et du commerce ? La matière, les matières rares et nobles (étoffes, épices, porcelaines, etc.), c'est ici qu'intervient la figure de l'armateur. Il est celui qui prend le risque de se projeter dans l'espace pour ramener en Europe les richesses d'ailleurs. Venise, évidemment, n'était rien d'autre, comme on a pu le dire, qu'une oligarchie d'armateurs. Gênes également, qui vit la naissance du plus grand découvreur de tous les temps. Au-delà de la Renaissance, l'importance de la figure de l'armateur se fait sentir jusque dans la France de la fin du XVIIe : Nicolas Fouquet n'était-il pas fils d'armateur et Law lui-même (mort et enterré à Venise !) ne se fit-il pas en quelque sorte armateur en intégrant dans son « système » les activités coloniales (en Louisiane, mais aussi aux Indes) de la Régence ?

Dans un passé plus lointain, en France toujours, la figure d'un Jehan Ango (1480-1551) se détache, s'il fallait n'en choisir qu'une. Armateur influent de Dieppe, ayant participé aux explorations maritimes du XVIe siècle, il prospéra grâce à la « guerre de course » soutenue par le roi François Ier contre les Portugais. Ces mêmes Portugais développèrent un empire-monde et furent les premiers à relier l'ensemble de notre planète grâce à Magellan. Face à un impératif de rareté lié à l'étroitesse de leur territoire, bloqué par un voisin potentiellement hostile, ils partirent à la conquête des océans et amassèrent des richesses au Portugal et au Brésil. Pour en revenir à l'armateur de Dieppe, Ango facilita également la découverte de Terre-Neuve et des Moluques. Après lui, un autre Dieppois, Jean Ribault (1520-1565), poursuivit l'expansion coloniale de la France, notamment en Louisiane. Là aussi, c'est la recherche de matières et de produits rares et précieux, et non de débouchés, qui stimule l'esprit d'aventure. Cartier, Verrazzano...

noms de lieux, de ponts, d'universités nous disent bien encore aujourd'hui tout ce que notre monde doit à ces tempéraments de feu.

Pour se projeter dans l'espace et le temps, la finance était quant à elle un outil indispensable. Le cas de l'émergence de la lettre de change est un exemple remarquable à cet égard. Cet instrument financier de la Renaissance a joué un rôle clé dans l'évolution des pratiques commerciales et l'émergence du crédit moderne. Initialement conçue pour faciliter les paiements à distance dans le commerce international, elle a évolué pour devenir un outil sophistiqué de crédit, permettant aux marchands de contourner les restrictions sur le prêt à intérêt et de financer leurs opérations de manière plus efficace. La lettre de change trouve ses racines dans le besoin des marchands de réaliser des paiements sur de longues distances sans le transport physique de monnaie, risqué et peu pratique.

Elle impliquait initialement un contrat par lequel un marchand (le tireur) demandait à un autre (le tiré), souvent dans une ville différente, de payer une somme spécifiée à une troisième partie (le bénéficiaire) à une date future. Cela permettait au tireur de régler une dette ou de réaliser un paiement à distance en utilisant la lettre comme moyen de paiement. Avec le temps, les marchands ont commencé à exploiter les fonctionnalités de la lettre de change pour en faire un véritable instrument de crédit. Deux innovations principales ont facilité cette transformation : l'endossement et le *patto di ricorsa* (« accord de refus »). L'endossement a permis à une lettre de change d'être transmise d'une partie à une autre, fonctionnant ainsi comme un moyen de paiement négociable et élargissant ses utilisations au-delà de simples paiements à distance.

L'accord de refus, remarquable oxymore, était un accord tacite ou explicite selon lequel le tiré pouvait refuser de payer à l'échéance, forçant le tireur à rembourser le donneur avec intérêt. Cela permettait de masquer une opération de crédit en une série de transactions de change, contournant les interdictions ecclésiastiques du prêt à intérêt. C'est là, sans doute, l'invention financière la plus décisive de l'histoire, et il est en quelque sorte amusant de constater qu'elle est d'abord le fait de la ruse face aux interdits religieux.

De nos jours encore, les détracteurs les plus virulents de la finance le sont au nom d'une idéologie aussi dogmatique que peuvent l'être les religions. Le crédit est le socle de l'économie moderne. Or faire crédit est un acte de confiance dans le fait que la poursuite d'intérêts personnels, dans un cadre régulé, produit du bien commun. Pas toujours, mais assez souvent pour que le système soit vertueux. Cet acte de foi dans l'ambition humaine ne pouvait qu'être contraire au dogme de religions pour qui le salut n'est pas de ce monde, et plus tard d'idéologies pour qui l'humain n'est pas fiable et doit être corrigé. Évitant les interdits religieux, la lettre de change, avec les évolutions de la finance, a permis une fluidification et une expansion considérables du commerce international. Elle a non seulement réduit le besoin de transporter de l'argent liquide sur de longues distances, réduisant ainsi les risques et les coûts associés, mais a aussi facilité l'accès au crédit. En transformant la lettre de change en un outil de crédit, les marchands de la Renaissance ont jeté les bases du système de crédit moderne. Les marchands pouvaient désormais financer leurs opérations commerciales, investir dans de nouvelles entreprises et étendre leurs activités beaucoup plus facilement qu'auparavant.

C'est cet essor de la finance à la Renaissance qui a rendu possible l'émergence de familles capitalistes absolument remarquables, aujourd'hui méconnues pour la plupart d'entre elles en dehors de leurs lieux d'apparition. Ainsi des Fugger d'Augsbourg, par exemple. Au cœur de la Renaissance européenne, les Fugger s'élevèrent de modestes origines commerciales pour devenir l'une des dynasties les plus puissantes et influentes de leur temps. Leur ascension commence au XIVe siècle par le commerce textile, avant de se diversifier vers d'autres horizons tels que les épices et les métaux. Sous l'égide de Jacob Fugger, surnommé « le Riche », la famille étendit ses activités dans le secteur bancaire au XVe siècle, prêtant des sommes considérables à des rois, des empereurs et des papes, ce qui leur conféra une influence sans précédent sur la scène politique européenne. Leur implication dans l'industrie minière, notamment à travers l'acquisition de mines d'argent et de cuivre dans le Tyrol et en Hongrie, leur assura une domination sur la production européenne de métaux précieux, amplifiant ainsi leur richesse et leur pouvoir. Leurs activités financières et leurs prêts à des souverains européens les ont toutefois exposés à des risques juridiques. Leurs relations avec Charles Quint et les prêts conséquents à la couronne espagnole furent à l'origine de litiges. Ces procès, souvent liés à des défauts de paiement ou à des contestations de contrats, ont mis en évidence la complexité et les risques de leur modèle d'affaires et ont érodé leur capital et leur réputation, contribuant à leur déclin progressif au XVIIe siècle. Des Médicis d'Augsbourg, en quelque sorte. Leur exemple est intéressant en ce sens qu'il illustre le foisonnement de ces premières familles capitalistes, les pionniers du capitalisme d'accumulation.

Les nombreuses faillites de Philippe II, roi d'Espagne, sonnèrent la fin de ce premier âge du capitalisme né à la Renaissance. Les mentionner après avoir raconté l'histoire des Fugger est significatif puisque, précisément, ces derniers étaient sortis vaincus de leurs contentieux avec Charles Quint, père de Philippe II, tandis que ce dernier sortira battu, et son pays avec lui, de conflits identiques. Philippe II avait hérité un vaste empire… et d'énormes dettes de son père. Ses ambitions expansionnistes, notamment les guerres en Europe et la défense des possessions espagnoles contre les Ottomans et les pirates barbaresques en Méditerranée, exigeaient des dépenses considérables. L'Espagne, riche en métaux précieux venant du Nouveau Monde, semblait à première vue capable de supporter de tels coûts. Mais l'accumulation a trouvé là ses limites : inflation, flux d'argent vers les créanciers étrangers, notamment les banquiers allemands et italiens... le modèle commençait à vaciller. Philippe II déclara la faillite de l'État espagnol à plusieurs reprises, en 1557, 1560, 1575 et 1596. Ces faillites ont non seulement terni la réputation de l'Espagne sur les marchés financiers européens, mais ont également exacerbé les problèmes économiques domestiques, entraînant des révoltes sociales et affaiblissant la puissance militaire espagnole.

Le Moyen Âge a ainsi connu une économie de l'accumulation qui, *in fine*, donnera naissance à la finance et à ses attributs : la comptabilité et la fiscalité. Ce système, qui a prospéré avec l'âge d'or vénitien, s'est heurté à de profonds changements géopolitiques et sociologiques : la fin des empires nés sur les décombres de l'Empire romain, un monde qui s'agrandit brutalement, et une volonté d'accomplissement individuel, pour la minorité qui pouvait se le permettre, et qui ne se satisfaisait plus d'une économie de rentes. Accumuler des richesses pour justifier son statut social et politique n'est plus jugé satisfaisant pour les jeunes aristocrates florentins. Pas plus que l'alternative d'un monachisme mystique recherchant l'accomplissement par le rejet de la société humaine. Un horizon nouveau se fait jour : créer des richesses, les accumuler pour changer son environnement, pour créer un nouveau monde. Les pionniers de la Renaissance se conçoivent comme des artistes créateurs, expliquant leurs liens si étroits avec le monde de l'art.

C'est alors qu'à Florence apparaît un mouvement qui veut accumuler pour changer la société et qui fait de la concurrence une force de transformation d'un monde millénaire. La Renaissance est née et, avec elle, un nouveau capitalisme. Le temps du capitalisme de la matière, basé sur l'appropriation, le transport, le commerce et la possession de matières rares ou de produits manufacturés, s'achevait pour laisser place au capitalisme de débouchés.

LE TEMPS DE L'ACCUMULATION : LA RÉVOLUTION INDUSTRIELLE

Ainsi envisagée, l'histoire économique se donne donc à voir comme un mouvement instinctif, quoique par la suite très organisé et très sophistiqué, contre toutes les limites rencontrées par l'activité humaine. Après la révolte contre la rareté (de la matière, en quelque sorte), c'est aux limites spatiales que les entrepreneurs et le capitalisme vont s'attaquer, provoquant le rétrécissement du monde et la première mondialisation dans laquelle nous vivons encore d'une certaine manière aujourd'hui. Un capitalisme de débouchés, du règne de l'espace et de la compétition pour ce dernier. L'odyssée engagée par les *condottieri* allait en effet se poursuivre et trouver une forme de second apogée au XIXe siècle, avec ce qu'il est convenu d'appeler la « révolution industrielle ». Contrairement aux idées reçues, cet élan incroyable et sans précédent est affaire d'espace, de population et de débouchés bien plus que d'énergie et de matières premières.

On l'a vu au début de notre voyage, l'élan accumulateur de matière né du plus profond des âges avait certes déjà conduit certaines puissances, notamment l'Espagne, à s'implanter au-delà des mers et à en rapporter toutes sortes de richesses, au premier rang desquelles l'or. Si le *Siglo de Oro* s'appelle ainsi, c'est bien parce que la colonisation espagnole est une captation, et une captation de matière. Il s'agissait d'organiser les flux *en provenance* des colonies *vers* la métropole. Avec l'Empire britannique du XIXe siècle, la logique s'inverse et c'est ce qui explique le succès et l'influence profonde de l'« empire » ainsi conçu par les Anglais.

Pour comprendre ce mouvement profond, entamé en réalité de nombreux siècles auparavant, il faut faire un détour par la démographie et les travaux du grand spécialiste de la croissance longue, Angus Maddison. Selon lui (notamment dans *Growth and Interaction in the World Economy*), la croissance démographique annuelle de l'Europe occidentale entre 1500 et 1800 a été de 0,14 %. C'est évidemment très peu en apparence, mais c'est sept fois plus que le reste du monde, qui stagne à 0,02 % sur la même période. On ne peut comprendre la « révolution industrielle », qui est en fait une éclosion et la révélation de transformations à l'œuvre depuis bien plus longtemps, sans prendre en compte cet avantage démographique décisif.

Qu'on y songe : l'éolipyle d'Héron d'Alexandrie est le premier jouet à vapeur, avec une turbine générant un mouvement circulaire. Il a été inventé au Ier siècle de notre ère. Mille ans plus tard, en 1104 ou un peu après (cette date est en effet aujourd'hui mise en cause, mais reste symbolique), le doge Ordelafo Faliero ordonnait la construction du plus grand chantier naval du Moyen Âge, qui allait devenir le fameux Arsenal, de nos jours lieu d'accueil de la Biennale de Venise. Jusqu'à 16 000 personnes y ont travaillé et il est considéré à ce titre comme le premier site industriel de l'histoire. Notons au passage, car cela a son importance, que c'est précisément l'Arsenal de Venise qui, par les évolutions continues apportées aux navires qui en sortiront, rendit possible la navigation au long cours et la création des compagnies de commerce. Quelle différence avec la période précédente : nous passons des compagnies de guerre... aux compagnies de commerce !

Mais revenons à notre « révolution » industrielle. La puissance de la vapeur avait donc été découverte depuis longtemps (Ier siècle) ; l'industrie, au sens de mobilisation complexe et à grande échelle de moyens humains et matériels aux fins de production, également (XIe siècle)... et pourtant, ni le Ier ni le XIe siècle n'ont connu de « révolution » industrielle. Boutade ? Pas seulement. Aucune transformation technologique, aucune évolution sociologique n'aurait pu produire les mêmes effets que les innovations et mutations du début du XIXe siècle sans la différence démographique ainsi produite par trois siècles de lente progression, le fameux 0,14 % annuel d'Angus Maddison.

Pour le comprendre, il nous faut aller en Angleterre… en faisant un détour par la France, son école des Annales et Fernand Braudel. Dans son ouvrage-fleuve *Civilisation matérielle, économie et capitalisme*, Braudel note à propos de la révolution industrielle qu'elle « ne peut pas être, à elle seule, la totalité de l'histoire du monde moderne ». Surtout, il met en cause l'implication de « soudaineté » que porte l'expression de « révolution industrielle ». Partout, nous dit-il, c'est en vérité quelque chose de plus progressif qui s'est passé. Selon les travaux plus récents d'un Patrick Verley, d'ailleurs, c'est davantage la demande intérieure que les ruptures technologiques ou institutionnelles (création du statut de société anonyme, par exemple) qui ont été à la racine de l'industrialisation.

Partout la progressivité donc, sauf… en Grande-Bretagne. Qu'on ne se méprenne pas : cette montée en puissance prenant racine au Moyen Âge a aussi existé outre-Manche, mais l'éclosion, la transformation finale, s'est faite de manière beaucoup plus brutale qu'ailleurs. On estime en effet que, au début du règne de Victoria (donc en 1837), la société britannique était déjà devenue industrielle, c'est-à-dire que la majorité de sa force de travail et de ses capitaux était consacrée à l'activité manufacturière et non à l'activité agricole. Les années 1830 sont au contraire le moment, en France, du début du phénomène. Il faut attendre 1850 en Allemagne, 1865 aux États-Unis, etc.

Les facteurs à l'origine du caractère proprement révolutionnaire de l'industrialisation britannique sont connus : la base agricole était efficace grâce aux travaux d'organisateurs et d'agronomes de qualité. Le charbon était largement disponible et par conséquent bon marché. La main-d'œuvre avait un coût relativement élevé, ce qui a encouragé les investisseurs à rechercher et à financer la mécanisation. Certes, il faut ajouter à cela le soutien des pouvoirs publics aux entreprises (à la différence de la France où les guerres et l'Empire seront des freins majeurs pendant les quinze premières années du siècle) et la culture entrepreneuriale différente. Mais la vraie différence, la différence la plus fondamentale entre les deux pays, c'est le commerce, et le commerce international bien sûr.

Au fond, ce qui donne sa forme à la fois à l'histoire économique du début du XIXe siècle et au capitalisme moderne, c'est cette compétition entre la France et la Grande-Bretagne. Étonnamment, la France était nettement plus peuplée (quatre fois plus) que la Grande-Bretagne à la veille de la Révolution. Mais cet avantage ne tiendra pas face au choix de l'expansion internationale. Dès le XVIIe siècle, l'économiste William Petty avait identifié très clairement les atouts de son pays : le commerce, la navigation, les colonies. Nous y sommes : après avoir repoussé les limites de la religion et le régime du seul arbitraire pour pouvoir étancher sa soif d'abondance et mener son combat contre la rareté, ce sont maintenant les frontières que l'entrepreneur (ou le capitaliste) britannique entend repousser. Après la matière, l'espace.

Le fera-t-il cependant comme l'Espagne en son temps avec le risque que les transferts soient en quelque sorte à sens unique et finissent par « tuer la poule aux œufs d'or » ? Non pas. Tout d'abord, c'est grâce à une compagnie et non directement *via* le pouvoir monarchique : la Compagnie anglaise des Indes orientales, qui aura son équivalent hollandais, puis un équivalent français. C'est la première différence entre l'Angleterre et la France que cette incorporation en société. Il faut lui ajouter la politique de brevets et de soutien à l'innovation, et quelques autres.

Mais il en est une autre beaucoup plus importante que toutes les autres : c'est le choix du libre-échange. En 1846, le Royaume-Uni abroge les *corn laws*, un ensemble de lois qui protégeait les agriculteurs britanniques de l'importation de produits agricoles étrangers. Entre 1849 et 1854, c'est au tour du *Navigation Act* – édicté par Cromwell en 1651 ! – d'être aboli, mettant fin au privilège de droit, sinon de fait, dont jouissait la marine commerciale jusqu'alors. Dans les deux cas, cela n'aura pas été sans débat ni sans mal. Les tenants de la protection des forces de production intérieures ont bataillé ferme et le débat fut toujours le même, comme il le sera plus tard au début de la vie politique de Winston Churchill d'ailleurs : protéger les producteurs à l'intérieur, c'est desservir les consommateurs par un renchérissement du prix et favoriser la rente.

On voit le rôle de la démographie dans ce mouvement. Il fallait d'une part être suffisamment confiant dans sa capacité à se projeter au-delà des mers pour vendre ses propres produits (et non plus seulement rapporter le fruit du pillage ou de l'exploitation) et d'autre part prendre en compte une demande intérieure suffisamment forte et, à certains égards, déjà représentée politiquement, pour opérer cette révolution copernicienne. Autrement dit, ce ne sont plus les patriciens, les rentiers, les producteurs qui fixent l'agenda politique à eux seuls, c'est la masse des consommateurs. L'élan libre-échangiste, à son origine, est inséparable de la démocratie. Autrement dit encore, le caractère proprement « explosif » de la révolution industrielle en Angleterre s'explique par plusieurs facteurs.

La situation démographique britannique est suffisamment positive (par rapport au reste du monde) pour permettre d'allouer du capital humain à l'expansion coloniale… mais elle n'est pas aussi abondante qu'en France. Cette rareté relative conduit donc à un prix relatif du facteur travail supérieur à celui des compétiteurs et favorise le recours au facteur capital et donc au progrès technologique, ainsi qu'au choix du libre-échange.

Ajoutons à cela, comme un symbole, l'ouverture du canal de Suez en 1869 et la capacité à rallier l'Inde en soixante jours au lieu de six mois… ainsi que quelques succès militaires, et l'on aboutit à ce fait majeur : plus petites et moins peuplées que la France, les îles Britanniques ont fini par constituer un empire de 35 millions de kilomètres carrés et de 500 millions d'habitants, contre 14 millions de kilomètres carrés et 150 millions d'habitants pour l'Empire français.

Le propos n'est pas ici de prétendre que cet élan fut inspiré par la philanthropie. Mais ce que recherchent les capitalistes anglais, bientôt suivis par tous les autres pays colonisateurs, ce sont des débouchés, non des matières premières. Ils veulent créer des richesses, certes de manière égoïste, plutôt que simplement entretenir leur niveau de vie. Le Siècle d'or espagnol sera statique car les richesses sont allouées à l'entretien des statuts politiques, comme dans l'Antiquité romaine, alors que le XIXe siècle anglais cherchera à augmenter la richesse, à élargir le champ du possible, bref à changer son environnement dans les modèles mentaux de l'époque. Ce changement n'avait cependant rien d'irénique.

Les galions espagnols et portugais revenaient chargés d'or, les navires britanniques du XIXe siècle partaient les cales pleines de produits textiles après la destruction des structures de production locale. Encore plus grave, cette mutation historique inclut aussi le commerce des esclaves qui déshonore encore aujourd'hui tous les groupes humains, européens (alors même que l'esclavage était interdit en Europe), américains, arabes, subsahariens ou autres, qui s'y sont adonnés à un moment de l'Histoire. Pour satisfaire la demande intérieure de la classe moyenne émergente et la demande extérieure des populations soumises dans les empires, il a fallu s'appuyer bien sûr d'abord sur les esclaves, ensuite sur les travailleurs pauvres et le système des *workhouses*. Sans compter les exactions qui, sans être la règle, n'ont pas été l'exception.

La mutation historique dont est issu notre capitalisme moderne n'est pas un avènement vertueux ou heureux. L'Histoire n'est jamais univoque. Dès lors, la conclusion de ce bref chapitre sur la révolution industrielle est simplement la suivante : jusqu'en 1929 au moins, sans doute même jusqu'en 1945, ce modèle du capitalisme de débouchés a été dominant, sans contrepoids, et il était un développement nouveau de la révolte contre la rareté non seulement d'une classe de capitalistes-entrepreneurs au sens strict, mais sans doute de tout un peuple, le peuple britannique, bientôt suivi, comme on l'a dit, par ses compétiteurs européens.

C'est la période de ce que Karl Polanyi, le grand économiste hongrois, a qualifié de « Grande Transformation », titre de son ouvrage paru en 1944 au Royaume-Uni avec pour sous-titre : *Aux origines politiques et économiques de notre temps*. Économiste, historien, anthropologue, Karl Polanyi développe une approche critique du capitalisme de marché en soulignant en quelque sorte son caractère « antinaturel ». Il pose deux bornes à la période qu'il présente comme : 1834 et 1929.

1834, c'est la date de l'abolition des *Poor Laws* qui dataient de 1601, quand Élisabeth Ire, après la dissolution des réseaux monastiques par Henry VIII, a organisé la solidarité avec les plus pauvres au niveau paroissial et donc municipal. Un peu moins de deux siècles et demi après, c'est pourtant un gouvernement « progressiste » (*whig*, l'opposition aux conservateurs) et opposé au pouvoir monarchique qui abrogeait ce système de solidarité pour mettre cette force de travail certes largement inadaptée, mais bien réelle… au service de l'expansion économique, avec le système des *workhouses*.

On verra dans les pages qui suivent que cette vision historique souffre de deux manques. D'une part, personne n'a jamais croisé « la société » dans la rue. Autrement dit, les changements sociaux, politiques et économiques sont menés par des personnes concrètes, dirigeants, leaders, révolutionnaires ou entrepreneurs, politiques ou chercheurs, etc. C'est le thème central de la deuxième partie du présent ouvrage : quel dirigeant pour ce monde ? Quel dirigeant pour « réencastrer » l'économique dans le social et l'environnemental, si l'on valide le diagnostic de Polanyi ? D'autre part, les comparaisons du chercheur hongrois ou de son compère Marcel Mauss avec d'autres sociétés ne résistent pas à un fait massif : la taille des ensembles humains en question. Il est un moment où le don et le contre-don ne peuvent plus fonctionner comme principes de régulation d'un groupe de plusieurs millions d'individus. Le système monétaire, les besoins d'organisation, les opportunités d'accumulation, etc., tout conduit malgré tout à l'organisation de la production et de la distribution des biens selon la modalité du marché. Cette quantité (les dizaines de millions d'habitants des pays d'Europe de l'Ouest) qui devient en quelque sorte « qualité » tant elle change les rapports humains, les transactions, l'organisation, les capacités, c'est justement la base de l'analyse beaucoup plus factuelle d'Angus Maddison mentionné au début de ces lignes. Pour paraphraser Bill Clinton et son poster « *It's the economy, stupid !* » affiché dans le Bureau ovale, on serait tenté de répondre à Polanyi : « *It's the demography !* »

La démographie, la société de masse, comment l'organiser… C'est la troisième limite qu'a repoussée le capitalisme avant de se heurter à celle, indépassable, de l'écologie. Avec le capitalisme de matière et l'élan initial de l'accumulation, les premiers capitalistes ont changé les systèmes politiques et rendu possible tout ce qui allait suivre. Avec la révolution industrielle et le capitalisme de débouchés, ils ont changé le monde en inventant la mondialisation, avec ses heurs et ses malheurs, dans laquelle nous vivons encore aujourd'hui… ce monde rétréci. La période qui suit allait leur donner l'occasion de changer la société en inventant une nouvelle organisation du travail. Après la matière et l'espace, ce sont le troisième âge et la troisième dimension du capitalisme qui allaient s'inventer entre la première grande crise mondiale de 1929 et le protocole de Kyoto de 2005 : le capitalisme démocratique, le règne du travail.

LE TEMPS DES CRISES : L'ÉTAT COMME GARANT DE L'ACCUMULATION

Les crises économiques ont toujours existé avec leurs impacts politiques et sociétaux, mais jamais sans doute avec la même ampleur qu'à partir de la fin du XIXe siècle et au début du XXe. La crise de 1873, qui commencera à la Bourse de Vienne pour s'étendre à celle de New York, entraînera une grande déflation sur une période de près de vingt ans, accompagnée d'une stagnation économique : ce sera la première stagflation de l'époque moderne. Malgré un impact social important, les États n'interviennent pas encore dans l'économie pour la relance. À l'exception de la France qui, sans le savoir, crée l'ancêtre du New Deal. En 1879, elle lance le plan Freycinet qui mobilise des investissements publics importants dans la sidérurgie et les chemins de fer, estimant que la construction d'infrastructures encouragera la reprise économique. Ce plan permettra au pays de rattraper son retard sur le Royaume-Uni et produira d'indéniables effets positifs sur l'économie française.

Cette crise sonne le glas du libre-échange, mais pas du libéralisme. Le protectionnisme devient le credo de tous les États des deux côtés de l'Atlantique, à l'exception du Royaume-Uni qui reste fidèle à sa philosophie d'économie ouverte. Elle est aussi une source d'inspiration essentielle pour les grands modèles économiques du siècle suivant. Kondratiev et, dans son sillon,

Schumpeter y puiseront l'inspiration pour leurs théories des cycles. L'accumulation semble condamnée à entraîner des phases de destruction pour pouvoir renaître de ses cendres. La pensée économique moderne s'inscrit dans des modèles proches de la temporalité circulaire de la Grèce antique. Comment ne pas voir que cette théorie des cycles qui naît des premières grandes crises économiques modernes suppose un moteur sous-jacent dont la permanence permet l'alternance entre les différentes phases des cycles, moteur qui évoque la partie mystique de la philosophie grecque : invariants chez Pythagore, idées platoniciennes et puissance aristotélicienne ? Les crises ne sont alors pas la remise en cause d'un modèle, mais une de ses composantes temporelles : elles ne jugent pas séparément des phases de croissance qui les ont précédées. Elles sont au contraire un passage obligé pour entamer une nouvelle phase de croissance.

Cette première crise économique moderne ne remet donc pas en cause le modèle du marché comme cadre propice à l'accumulation. Elle introduit cependant une logique protectionniste destinée à améliorer le fonctionnement des marchés qui se pensent alors comme nationaux, croyant qu'en diminuant la concurrence étrangère, les entreprises fonctionneront mieux. L'absence d'éléments probants justifiant le bien-fondé d'une telle croyance n'a pas nui à son succès puisque les politiques économiques actuelles s'en inspirent fortement. En cette fin de XIXe siècle, l'économie et avec elle les entreprises commencent à s'enraciner dans un récit national, et, pour les États, l'accumulation devient trop importante pour être laissée aux seuls acteurs privés.

C'est avec la crise de 1929 qu'ils passeront le pas et interviendront directement et massivement dans l'économie, pour soutenir l'accumulation. La mystique contemplative des cycles longs ne peut plus satisfaire les États qui dépendent de plus en plus de cette économie de marché pour exister. Mais au même moment où se pose la question de l'intervention de l'État, comme chef d'orchestre des marchés, justement pour préserver cette économie de marché, quitte à la modifier, d'autres voix s'élèvent pour mettre en doute la pertinence même dudit modèle.

1929, c'est la première grande crise financière qui, selon Polanyi, signe l'échec et surtout l'invalidité du modèle théorique du marché comme cadre naturel de l'activité humaine. C'est là affaire de théorie et c'est bien sûr négliger les apports innombrables de la révolution industrielle au bien-être humain au sens le plus large et sur une longue période. Mais, là où Polanyi dit vrai, c'est quand il évoque ce qu'il appelle le « désencastrement de l'économie ». Anthropologue (et très proche en cela de Marcel Mauss), l'auteur de *La Grande Transformation* se réfère à bien des formes d'organisations sociales et politiques qui, dans l'histoire et dans l'espace, ont maintenu ou continué de maintenir (à son époque) l'économie (en tant que système d'allocation des ressources sous contrainte de rareté) « encastrée » dans les relations sociales. Avec le marché, selon lui, et donc en fait avec la révolution industrielle, l'économie se serait « désencastrée ». Nous dirions, dans le cadre de nos réflexions : affranchie des limites matérielles et spatiales, emportant tout sur son passage. C'est cela, pour Karl Polanyi, la Grande Transformation. Il pose là une réflexion très moderne. S'affranchir du concept de limite permet de grands progrès, mais qui ne sont pas durables. Ses contemporains philosophes démontreront, dans le même temps, que penser s'affranchir du concept de limite est contraire à l'essence même de notre humanité. Toutes les initiatives visant à réguler ou à compenser cette nouvelle organisation sociale sont, toujours pour Polanyi, une sorte de réaction de défense du corps social cherchant à « réencastrer » l'économique dans le social. S'il était toujours de ce monde, il ajouterait bien sûr l'enjeu majeur de réencastrement de l'économique dans l'écologique.

À l'époque, toutefois, le réencastrement ne se pense pas par rapport à la nature, mais par rapport à l'humanité et à son destin.

Si l'entreprise moderne est née d'une volonté subversive de faire primer la prise de risque sur la rente, plusieurs siècles plus tard, elle se trouve elle-même accusée de promouvoir la rente, par la concentration du capital, et d'aliéner les humains, revenant par là même à une logique proche du servage de l'Ancien Régime. La pensée de Marx s'inspirera de son expérience des inégalités insupportables dans la Londres capitaliste de l'époque. À la suite de sa philosophie, une nouvelle voie politique émerge qui propose une alternative au modèle politique libéral appliqué en Europe et aux États-Unis : le communisme et son économie planifiée.

Ne nous y trompons pas : le communisme ne nie pas le marché ni l'accumulation. Il veut les soumettre à la volonté politique en excluant toute influence de l'initiative individuelle. Ainsi, l'accumulation pilotée grâce à un marché dirigé par l'État doit croître et permettre une répartition plus juste de ses fruits. À la fin de sa vie, Lénine souhaitera la réintégration d'une partie d'initiative individuelle dans l'économie planifiée, finalement conscient que l'économie ne peut prospérer sans liberté. Sa nouvelle politique économique envisage un équilibre inédit entre planification centralisée et initiative individuelle. Elle ne sera jamais appliquée, Staline excluant toute liberté dans son système économique ou politique. Une fois la Grande Guerre passée, l'économie soviétique ne parviendra jamais à surmonter ce vice de conception. C'est une démonstration, *a contrario*, que l'économie suppose la liberté.

Lorsque Marx, dans la partie utopique de ses œuvres, pense une société communiste, il s'inspire de la pensée politique de Platon, du moins telle que décrite, pour la critiquer, par Aristote*. La mise en commun des plaisirs et des peines, au profit d'une cité unie où la propriété privée est bannie, représente bien l'idéal de Platon. Or le maître d'Aristote est un penseur mystique, qui recherche

* Aristote, *Politique*.

la transcendance et ne se préoccupe pas d'économie et encore moins d'entreprises, notions mêmes qui sont anachroniques pour son époque. Transposer cet idéal dans le monde du XXe siècle, imprégné d'économie, était voué à l'échec.

Si l'expérience du communisme dans l'ancienne Russie tsariste peut paraître extrême, elle demeure la conséquence de l'expérience des limites de l'économie de marché que la crise de 1929 expose si brutalement. Le modèle est fragilisé et il faut le réparer. Quasiment en parallèle de l'expérience soviétique, les États-Unis eux aussi tentent une expérience nouvelle pour corriger les défauts de l'économie de marché : le New Deal.

Beaucoup a été écrit sur ce sujet qui divise toujours les économistes. Certains y voient le commencement de l'économie moderne, celle du marché régulé, qui a permis de reconstruire une économie plus forte et plus juste. D'autres jugent que l'expérience n'a pas produit d'effets positifs et que seules la Seconde Guerre mondiale et la victoire ont, *in fine*, relancé l'économie américaine. Le propos de cet ouvrage n'est pas d'ajouter à ce débat, mais d'interroger la signification de la rupture économique que représentent la crise de 1929 et le New Deal sur le mouvement séculaire de la rencontre d'une recherche d'accumulation et d'une économie de marché.

En première analyse, la crise de 1929, comme celle de 1873, ne fait que confirmer que le capitalisme est devenu si important qu'il doit être sauvé, y compris malgré lui. Elles sont deux exemples de l'essor inexorable de l'entreprise dans le monde occidental. Cela étant, la crise de 1929 apporte un élément nouveau qui va perdurer. Contrairement à celle de 1873, elle n'est pas une stagflation, mais une récession dont les impacts sociaux sont tels que les États doivent réagir. Le champ des réactions structurera l'Histoire du siècle. Les États-Unis montrent que l'État doit intervenir pour ne pas subir le fatalisme des cycles économiques. Par sa puissance d'investissement, sa régulation, sa fiscalité, l'État moderne devient une partie prenante fondamentale de l'économie. L'ambition d'une entreprise étrangère aux États, qui peut traiter avec ceux-ci, mais de manière indépendante, qui faisait partie de l'idéal économique de la Renaissance, est sérieusement remise en cause. Sa liberté est conditionnée au respect de « code de bonne concurrence » afin de redynamiser le tissu industriel et de réduire la « concurrence destructrice », pour reprendre les termes du New Deal. Elle devient encadrée au nom du respect du droit des travailleurs ainsi que des intérêts supérieurs des États. En contrepartie, les États deviennent les garants du marché, et donc de la recherche de l'accumulation, en compensant les phases de destruction par des politiques contracycliques.

En ce début de XXe siècle, l'entreprise se trouve réencastrée dans le monde politique. Elle y perd une partie de sa liberté, mais son importance dans la société s'en trouve accrue. Elle est devenue un objet politique, objet qui sera le moteur de la grande expansion de l'après-guerre.

LE TEMPS DE L'ACCUMULATION : LES TRENTE GLORIEUSES

Les Trente Glorieuses resteront comme l'ère de la consommation de masse, dans le cadre d'une croissance démographique forte et d'une hausse du niveau de vie. Elles ont également été une période de transformation et d'expansion pour l'entreprise, dont le rôle est crucial dans la dynamique de création d'une démocratie sociale où les inégalités se réduisent. C'est aussi une période où le travailleur devient partie prenante de l'entreprise, et l'entreprise pleinement partie prenante de l'État providence.

Après la Seconde Guerre mondiale, la reconstruction des infrastructures et le développement de nouveaux secteurs industriels ont entraîné une augmentation de la production et de l'emploi, avec un financement public important, national comme international (plan Marshall), conduisant au développement de grandes entreprises multinationales. L'investissement dans la recherche et le développement a été important, conduisant à des innovations technologiques, dont certaines sont de véritables ruptures – comme l'informatique –, et à une augmentation de la productivité. Et cette augmentation de la productivité a été elle-même permise par de nouvelles méthodes de production, qu'il s'agisse du fordisme, du taylorisme ou du toyotisme, qui ont amélioré l'efficacité et réduit les coûts.

Les salariés deviennent dans le même temps partie prenante de l'entreprise, dans ses instances, son capital, et les relations sociales se modernisent avec la mise en place d'un dialogue avec des syndicats puissants, sous forme de négociations collectives. L'amélioration des salaires, mais aussi des conditions de travail, d'hygiène et de sécurité, est notable. L'entreprise devient de plus en plus un corps social. L'intérêt de meilleurs salaires avait été théorisé par Henry Ford comme un moyen d'élargir la demande en la solvabilisant. La croissance démographique importante de cette période nourrit cette demande. En parallèle, l'offre se démocratise, et les entreprises produisent en masse des biens de consommation abordables.

Les Trente Glorieuses voient l'aboutissement de l'avènement de la société de consommation : l'accès des citoyens à l'abondance, la modernité et les innovations portées par l'entreprise. La consommation, les habitudes et le quotidien des Français évoluent et s'améliorent très rapidement. Cette accumulation des biens peut prendre plusieurs formes, d'un côté, la dépendance et le poids du matérialisme, de l'autre, la libération des contraintes et du temps. On estime ainsi qu'entre 1947 et 1974 le temps hebdomadaire consacré aux tâches ménagères est tombé de 51 h 48 à 25 h 45*.

Cette période est également celle de la professionnalisation – et donc de la généralisation et de l'essor –

---

* Cité par Jean-Claude Daumas, « Les Trente Glorieuses ou le bonheur par la consommation », *Projet*, 2018, 367 (6), p. 6-13.

du marketing, de la publicité et de l'étude de l'opinion publique. Ces disciplines ont totalement remodelé le rapport et la manière dont l'entreprise communique avec les consommateurs. En recherchant continuellement leurs opinions, leurs désirs et leurs envies afin de pouvoir y répondre. La sémiologie, mais aussi l'observation sociologique de la consommation (par exemple Roland Barthes, *Mythologies*) deviennent des outils d'analyse des citoyens.

Cette liberté se double d'une impression d'égalité, liée à la démocratisation des biens de production qui étaient réservés à une minorité. L'entreprise incarne la liberté, l'égalité, et améliore le quotidien des Français. Les Trente Glorieuses sont aussi une période où l'État devient une partie prenante de l'entreprise. Les gouvernements ont joué un rôle important en soutenant les entreprises par des politiques économiques favorables, en finançant la recherche fondamentale, en donnant le cadre de leur développement.

Ces financements et ces investissements ont porté leurs fruits : on constate d'énormes gains de productivité dans l'industrie automobile puis l'électroménager, ce qui va démocratiser les biens de consommation. Cette efficience des investissements pousse l'État à investir d'autant plus dans la planification pour le développement agricole, la logistique, les avions, l'électrification du réseau ferroviaire, le secteur hospitalier, les autoroutes, l'éducation (plans Monnet, Hirsch, Rueff, Massé).

Mais l'entreprise est également devenue partie prenante de la démocratie sociale au travers du paritarisme. Il s'agit d'une gouvernance où les partenaires sociaux, représentants des employeurs et des travailleurs, participent ensemble à la prise de décision, souvent dans des institutions de protection sociale, de négociation collective ou de dialogue social. C'est le cas en France dans la gestion de la Sécurité sociale, avec des négociations collectives obligatoires. C'est aussi le cas en Allemagne, y compris dans les conseils de surveillance des grandes entreprises, où les représentants des employés et des actionnaires siègent ensemble, représentant un modèle de cogestion propre au capitalisme rhénan. Et c'est le cas dans de nombreux autres pays européens : Belgique, Pays-Bas, Autriche, pays nordiques, etc. L'entreprise a donc évolué pour devenir non seulement une force motrice de la croissance économique, mais aussi de la modernisation sociale.

L'entreprise face au retour de la matérialité

Chaque phase de notre histoire économique a conduit à une expansion de l'entreprise, à donner de nouveaux champs à son action, de nouvelles complexités à sa gestion. L'entreprise est devenue une institution, un pouvoir, qui joue un rôle dans l'organisation de la société, et même dans l'histoire des peuples – quand elle ne contrôle pas des pays entiers, comme ce fut le cas en Amérique centrale. L'entreprise est au cœur de mutations qui ont été celles de notre modernité : une démocratie sociale, un État régulateur, un libre-échange international. La quatrième dimension marque une rupture et fait du XXIe siècle le moment d'une transformation de la situation de l'entreprise dans le monde. Elle n'impose plus son expansion au monde : c'est le monde qui tente d'imposer des limites à son expansion.

LA LIMITE MATÉRIELLE DES RESSOURCES DU MONDE

L'action de l'entreprise est aujourd'hui inextricablement liée à la crise climatique, énergétique et de la biodiversité. Elle en prend connaissance de façon parfois tragique, en découvrant par exemple que 50 % de sa création de valeur repose sur le maintien de la biodiversité, matière dont elle ignorait encore récemment en grande partie les tenants et les aboutissants. Dans cette crise, les entreprises ont pu être des accélérateurs ; elles en sont parfois les victimes, elles sont les lieux du changement d'habitudes, elles aussi utilisées comme des courroies de transmission par les pouvoirs publics pour accélérer la transition écologique et énergétique, elles sont le moteur de solutions technologiques nouvelles visant à limiter les impacts de ces crises. On prophétisait une sorte de dématérialisation de l'entreprise à l'ère numérique. Au contraire, plus que jamais, l'entreprise est confrontée à sa dimension physique, donc finie.

L'entreprise chute du paradis perdu de l'expansion sans bornes, de la conquête sans horizons, des ressources illimitées. Emmanuel Macron évoquait la fin de l'abondance, ce grand mirage d'une économie illimitée, déconnectée du monde physique. L'abondance, c'est aussi le terme utilisé par Jean Baudrillard, dans son livre *La Société de consommation*, pour caractériser la société occidentale de la seconde moitié du XXe siècle et son économie qui reposait sur la négation du réel et de ses limites : « Il y a quelque chose de plus dans l'amoncellement que la somme des produits : l'évidence du surplus, la *négation magique et définitive de la rareté.* »

Et l'entreprise d'aujourd'hui rencontre en effet le monde réel, marqué par sa caractéristique fondamentale qu'est la *limite*. Le monde est fini, par ses possibilités, par ses ressources. Il est aussi marqué par un *équilibre* qui ne se rompt jamais, où chaque transformation qu'il subit connaît une contrepartie. Ce contact avec la finitude du monde est une révolution. Contrairement à toutes les théories économiques, la nature n'est ni une constante ni un infini ($y = ax + b$, avec b comme la constante infinie de la nature qui n'entre jamais en compte dans l'analyse fonctionnelle ; maintenant b est variable et impacte la fonction, ce qui remet en cause tous les modèles d'analyse). Cette limite implique une nouvelle économie fondée sur la compréhension de ce monde fini. Les acteurs doivent donc se projeter hors de leur activité pour comprendre leur interaction avec ce monde qui a ses lois propres, bien distinctes des lois économiques.

Ainsi, l'expansion de l'entreprise rencontre la finitude du monde, et la performance de l'entreprise doit désormais intégrer ses externalités. C'est là le changement profond de rapport au monde : l'avènement d'une forme de réciprocité. Ce qui était *mouvement unilatéral* devient *double matérialité*. Il devient un équilibre à trouver entre le besoin d'agir et la nécessité de comprendre le sens et les conséquences de cette action, suffisamment pour pouvoir les moduler. Le capital change ainsi de nature, il n'est plus seulement financier, il est aussi humain et environnemental. Le capital change aussi de situation, il devient à la fois interne et externe à l'entreprise, un bien à la fois public et privé. Cela marque une véritable rupture de la pensée économique héritière d'Adam Smith, car on ne pourra plus comprendre les comportements économiques comme la somme d'intérêts individuels mis en mouvement. En effet, le capital reposant sur des éléments à la fois internes et externes, l'intérêt individuel de l'entreprise devra se conjuguer avec des intérêts communs à différents niveaux : la situation climatique et la biodiversité mondiale, mais aussi nationale, voire locale dans certains cas. La double matérialité ne se limite pas à ce qu'en retient par exemple la Commission européenne, ajoutant à la matérialité financière (matérialité et transparence) la matérialité sociale et environnementale de l'entreprise. Elle nous renvoie à une distinction philosophique entre l'être et l'être-là, l'être ouvert au monde, agissant sur son environnement. L'entreprise est là pour elle, mais aussi pour des parties prenantes qui n'ont cessé de s'étendre. Elle est également là pour toute la société, sortant de sa monade, de sa neutralité, pour agir sur le monde. En cela le débat entre la matérialité simple *versus* la double matérialité n'est pas un débat technique ni même économique : il est bien philosophique, et c'est à l'entreprise elle-même de déterminer dans quelle société elle veut s'inscrire. En cela l'entreprise s'inscrit plus dans la philosophie de l'action d'Aristote que dans le monde platonicien des Idées.

L'idée d'avoir un représentant du vivant non humain dans le conseil d'administration des entreprises peut sembler saugrenue – tout comme l'était peut-être l'idée d'un parlement mondial comportant les océans, les forêts, etc., qu'évoquait le grand sociologue des sciences Bruno Latour. Elle a pourtant un mérite : celui de matérialiser de façon très claire l'interaction qui existe entre l'avenir de la vie humaine sur notre planète et celui de l'entreprise, de le rappeler, même pour des entreprises de services où la matérialité est parfois oubliée.

Trop d'entreprises voient encore la reconnaissance de cette double matérialité comme une contrainte extérieure, une contrainte de conformité face à de nouvelles règles environnementales qui leur seraient extérieures. Il s'agit bien au contraire d'un impératif de gouvernance, et même d'un atout pour les dirigeants qui seront mieux à même de fixer un cap, de mettre en œuvre une stratégie, d'entraîner des équipes et en particulier des jeunes salariés pour qui le sens est essentiel.

Après avoir voulu changer le monde, l'entreprise s'en serait retirée pour atteindre une forme de neutralité au monde ? Ces thèses issues de l'école de Chicago ont semblé pertinentes durant les quelques années où l'on a cru à la fin de l'Histoire et à cette sorte de paix capitaliste immobile où l'entreprise n'a plus à se préoccuper d'un monde sans soubresaut. Le mirage s'est dissipé, et il faut acter le retour de l'entreprise dans le monde, dans sa transformation, dans ses mouvements.

Une autre tentation serait de reconnaître l'action de l'entreprise sur son environnement, mais en lui conférant une sorte de neutralité politique, économique et sociale par essence. C'est la tendance de nombreuses entreprises de la Silicon Valley, parmi les plus importantes, à adhérer à ce qu'Evgeny Morozov appelle le « solutionnisme technologique ». À chaque problème de ce monde, l'entreprise serait en mesure d'apporter une réponse technologique performante, la meilleure possible. Dans ce courant à rapprocher d'une forme de religion technologique, il n'y a finalement qu'une solution d'intérêt général, et pas de choix. À quoi bon se positionner résolument dans des débats sur la crise écologique, sur la crise démographique et migratoire, puisque chaque problème en viendra à être résolu par les entreprises de la tech ? Là encore, les soubresauts, notamment politiques et sociaux du monde, ont mis à bas ces visions iréniques. Surtout, la faille critique de cette théorie est qu'elle oublie l'humain. L'entreprise n'est rien d'autre qu'une activité humaine, d'individus qui vivent aussi dans la société. Nier le libre arbitre, l'importance des choix, est le contraire même de l'essence de l'entreprise.

L'entreprise doit bien prendre en compte cette double matérialité, et revoir la manière de se penser en monade économiquement pure et rationnelle déconnectée du monde. Intégrer l'Histoire implique nécessairement la perte d'une forme d'autonomie, impliquant d'en devenir à la fois *objet* et *sujet*, d'intégrer le *jeu causal* qui définit la matière historique et d'assumer l'imbrication d'éléments multiples qui en découle nécessairement.

Elle doit assumer le fait d'agir sur le monde, ce qui, au-delà du capitalisme, est le critère même de la modernité. La rupture de la modernité historique, c'est de passer d'une recherche de sens à la compréhension d'un phénomène physique, de passer d'une connaissance à vocation contemplative à un savoir source d'action et donc de transformation de l'objet du savoir. Le capitalisme moderne, à l'instar du monde dans lequel il s'inscrit, ne cherche pas à comprendre son environnement par curiosité, mais à le transformer. Ce passage d'un rapport au monde *contemplatif* à un rapport au monde *actif* est aux fondements de l'époque moderne et des nouvelles formes du capitalisme. C'est finalement une continuité de ce mouvement de long terme que nous vivons aujourd'hui : l'entreprise est plus que jamais un acteur de son monde.

L'IMPENSÉ DÉMOGRAPHIQUE

Là encore, ne nous trompons pas, nous sommes en train de changer de monde, avec le risque d'une régression démographique dans les décennies à venir dans de très nombreux pays. Certes, la croissance de la population globale continue : elle a dépassé les 8 milliards d'individus et, selon le rapport *World Population Prospects 2022* des Nations unies, la planète devrait compter 9,7 milliards d'habitants en 2050 et 10,4 milliards en 2080. En parallèle, la population mondiale va continuer à vieillir à mesure que l'espérance de vie augmente et que le taux de fécondité baisse. La démographie mondiale continue d'augmenter, mais les taux de croissance varient considérablement d'une région à l'autre. Ainsi, la population de l'Afrique subsaharienne devrait presque doubler d'ici 2050 alors que celle de l'Europe et de l'Amérique du Nord n'augmentera que de 0,4 %. Huit pays représentent plus de la moitié de la croissance démographique projetée d'ici 2050 : la République démocratique du Congo, l'Égypte, l'Éthiopie, l'Inde, le Nigeria, le Pakistan, les Philippines, la Tanzanie (par ordre décroissant d'augmentation attendue). En parallèle, un nombre croissant de pays vont connaître une réduction de la taille de leur population, en raison d'un taux de fécondité faible et, parfois, d'une forte émigration. D'ores et déjà, deux tiers de la population mondiale vivent dans un pays ou une région où le taux de fécondité est inférieur à 2,1 enfants par femme. Entre 2022 et 2050, la population devrait diminuer dans 61 pays ou régions, dont la moitié pourrait connaître une réduction d'au moins 10 %. Ainsi, la population chinoise devrait diminuer de 8 % d'ici à 2050.

Nous avons eu tendance à sous-estimer l'impact de notre démographie chancelante sur notre économie, dans un univers où de nouveaux marchés à la population dynamique s'ouvraient. Pourtant, le lien entre la démographie et la puissance d'une nation a construit l'Histoire. Ce fut le cas entre l'Empire romain et les petites cités grecques, qui ne s'unifiaient pas dans une population commune. C'est le risque que courent des nations au solde naturel négatif et qui refusent l'immigration. L'Europe, sans démographie et sans immigration, risque de devenir cette espèce de conservatoire d'un art de vivre que pressentaient de nombreux écrivains, comme Michel Houellebecq dans *La Carte et le Territoire*.

Par ailleurs, comme le souligne Larry Fink, président de BlackRock, nous sommes entrés dans une période où il va y avoir beaucoup plus de rentiers – principalement les retraités – que de producteurs. Cette disproportion entre ceux qui produisent en utilisant le capital et ceux qui bénéficient de sa rentabilisation menace notre capacité économique et rend d'autant plus pressante la nécessité d'une politique migratoire adaptée à la situation démographique de nos pays. Selon l'économiste

Jean-Hervé Lorenzi, les gains de productivité, notamment grâce aux progrès technologiques, qui devaient compenser cette situation démographique n'ont pas été à la hauteur : preuve en est l'économie japonaise qui continue de stagner malgré les investissements extrêmement importants, notamment en robotique.

LE RETOUR DU POLITIQUE

Le premier grand rêve du capital européen était donc celui du monde infini, de l'abondance. Le second a été d'évacuer l'histoire, au sens d'un enchaînement d'événements marqués par la politique, par l'histoire à cheval, pour reprendre le mot de Hegel sur Napoléon, un enchaînement d'affrontements de visions du monde dans le temps. Le XXe siècle a été celui des guerres et des tragédies, des génocides. Il a aussi été celui de la mémoire courte puisque, moins de cinquante ans après la fin de la Seconde Guerre mondiale, certains analystes comme Francis Fukuyama proclamaient la « fin de l'histoire ». Même si d'autres universitaires comme Samuel Huntington s'élèvent contre le « finisme », le sentiment général est que l'effondrement de l'URSS devait annoncer un monde sans conflit, sans géopolitique, un monde purement socio-économique, marqué par le capitalisme libéral et le régime qui lui est associé, la démocratie tempérée.

Le corollaire en a été que les Occidentaux ont cru à une mondialisation entièrement fondée sur le libre-échange, complètement innocente de toute donnée politique. Les années 1990-2000 marquent en effet la conclusion de très nombreux accords dans le cadre du GATT (*General Agreement on Tariffs and Trade*) aboutissant à la création de l'Organisation mondiale du commerce (OMC). L'OMC semblait au tournant du siècle avoir même supplanté l'ONU, étant plus influente sur le destin des pays, et bien sûr apparaissait plus puissante que des États qui ne gèrent plus qu'une part résiduelle de politique. La mondialisation heureuse du « doux commerce » allait résoudre tous les problèmes : fin des inégalités sociales internes, fin des inégalités sociales mondiales, fin des crises économiques, fin des crises migratoires.

La croyance en ce bel ensemble harmonieux a accéléré la mise en œuvre de l'ultraspécialisation des économies, avec l'ambition de constituer des États-nations occidentaux sans industrie, uniquement dévolus au secteur tertiaire. Dans ce monde pacifié, régi par la théorie du « doux commerce » énoncée par Montesquieu, les échanges commerciaux démultipliés éloignent les risques de guerre, et donc de rupture de *supply chain* et d'indisponibilité de biens nécessaires. C'était l'ère de la délocalisation heureuse permettant la constitution d'« entreprises réseaux » – pour reprendre le terme du ministre du Travail de Bill Clinton, Robert Reich, qui résumait ainsi l'entreprise tête des pays développés et sa myriade de sous-traitants, principalement industriels, dans les pays en développement. Le développement de l'informatique, la naissance progressive des Gafam, le succès de la Silicon Valley ont pendant longtemps masqué que la matérialité de l'économie n'avait pas changé, l'économie numérique n'étant en rien virtuelle de par sa consommation d'énergie et de matières premières, dont certaines en voie de raréfaction.

Le 11 septembre 2001 a constitué un premier avertissement, et Samuel Huntington semblait prendre sa revanche sur Francis Fukuyama, lui qui avait dès 1996 alerté sur un « choc des civilisations » à venir, et le grand retour d'une géopolitique qui n'avait rien d'économique. Mais ce sont bien ces dernières années qui illustrent le mieux ce retour du politique dans l'ordre mondial. La globalisation fondée sur le libre-échange est aujourd'hui rattrapée par les enjeux géopolitiques, et la géopolitique marquera au fer rouge les prochaines formes de la mondialisation.

L'épidémie de Covid-19 a marqué une rupture, mettant en avant les dangers de bouleversements d'une *supply chain* devenue essentielle dans le contexte de la spécialisation économique née du libre-échange accéléré de ces dernières décennies. Elle a démontré combien nos pays occidentaux – et particulièrement européens – avaient connu une perte d'autonomie et de souveraineté qui nous plongeait dans une totale incapacité à faire face aux chocs avec résilience.

Ce sentiment a été renforcé par les tensions entre la Chine et Taïwan, dont le quasi-monopole sur la fabrication de puces nous a rappelé combien nous étions dépendants de la géopolitique, y compris pour faire fonctionner nos appareils électroménagers. La guerre en Ukraine a renforcé cette conscience de la fin d'échanges économiques épargnés par les tensions géopolitiques, et la nécessité d'une résilience de nos capacités de production et de nos circuits commerciaux. En contexte d'économie de guerre, le pouvoir est désormais à ceux qui contrôlent la capacité de production et non plus à ceux qui contrôlent seulement l'accès aux marchés. Ces épisodes nous rappellent également combien l'Europe – et dans une moindre mesure les États-Unis – a cru à cette mondialisation heureuse pendant que des puissances comme la Chine ou la Russie restaient attachées à leur modèle national et à la primauté du politique.

Cependant, les tensions internationales ne doivent pas faire oublier l'intrication des intérêts économiques de pays qui peuvent s'opposer sur la scène internationale. 2022, année de tensions entre les États-Unis et la Chine autour de Taïwan, a marqué un record historique des flux commerciaux entre les États-Unis et la Chine, pour un total de 690,6 milliards de dollars. Les obligations américaines et les finances publiques chinoises sont liées. Alors, bien évidemment, les entreprises américaines essaient de développer des liens avec d'autres pays émergents de la zone, et notamment le Vietnam et l'Indonésie, mais cette diversification ne mettra pas un terme aux dépendances extrêmement fortes qui ont été créées lors de la période précédente de mondialisation heureuse. Américains comme Chinois cherchent à « découpler » leurs économies, pour reprendre une analyse de l'économiste Ngaire Woods pour le Fonds monétaire international*, mais cette reconfiguration sera longue et complexe, à une vitesse beaucoup plus lente que les mouvements géopolitiques.

La globalisation est donc en train de devenir moins efficace et plus coûteuse, ce qui ne signifie pas pour autant qu'il y aura une « déglobalisation ». Et ce d'autant plus que des acteurs transnationaux continueront à prospérer. C'est le cas notamment des Gafam. Ce sont sans doute les responsables politiques estoniens qui ont le mieux théorisé le lien entre État et entreprise déterritorialisée avec la notion de *country as a service* et l'idée que seul un État ayant des services numériques de grande qualité serait en mesure demain de concurrencer les Gafam. La facilité d'usage et la qualité d'un service risquent d'être des critères plus importants que la protection des données personnelles ou le cadre légal et réglementaire d'un service. Si les services numériques de l'État ne sont pas mieux conçus, plus complets, ils risquent d'être dépassés par des propositions privées. « Penser que les citoyens vont continuer à acheter de vieux services dans le pays où ils vivent, c'est tellement XXe siècle », affirmait dans une conférence en 2017 (DLD Europe 17) l'ancien *chief information officer* du gouvernement estonien Taavi Kotka. L'ancienne présidente estonienne, Kersti Kaljulaid, répondant à Dominique Nora dans

* Ngaire Woods, « Les superpuissances tournent le dos au libre-échange », FMI, juin 2023.

une interview à *L'Obs* du 29 septembre 2017, déclarait quant à elle : « On ne peut pas reprocher à des entreprises de proposer des solutions numériques si les pouvoirs publics ne le font pas ! Sans transformation numérique, les États deviendront obsolètes. » Il y a donc une articulation nouvelle entre l'État et les entreprises transnationales, pas seulement les Gafam d'ailleurs : on peut penser par exemple au pouvoir des agences de notation. Et si ces problématiques restent structurantes, il faut reconnaître qu'elles ont été rattrapées par d'autres urgences dans un pays comme l'Estonie : la menace russe, la forte inflation, etc.

La globalisation est un phénomène historique constant, qui s'exprime selon les époques sur des zones plus ou moins grandes, qui connaît des coups d'arrêt, des phases d'expansion et de réduction. Prédire un mouvement de recul serait aussi inconséquent que l'ont été ceux qui proclamaient la fin de l'Histoire et la paix perpétuelle née d'un commerce équilibré.

La chute de Rome avait causé une profonde mutation de la globalisation. Elle reposait sur des flux d'échanges internes à l'Empire, sur les contours du bassin méditerranéen pendant la paix romaine, auxquels la chute de l'Empire d'Occident a marqué un coup d'arrêt. Au Moyen Âge, un nouveau pôle de la mondialisation avait émergé pour l'Occident, bien plus au nord, à l'intérieur des terres, à travers les foires et les routes.

Ainsi, la globalisation peut connaître des mutations, et parfois refluer, mais c'est un phénomène permanent.

Une déglobalisation totale n'a jamais eu lieu, et personne ne souhaite réellement en sortir. Une production en *supply chain* isolée pour un pays développé est un non-sens que ne vient illustrer aucun exemple historique véritable. En outre, la particularité de l'époque moderne repose sur cette globalisation *mondiale*, déterritorialisée, non rattachée à la survie ou à la mort d'un empire. Elle est donc particulièrement résiliente aux chocs, même si elle doit aujourd'hui se réinventer à l'aune du retour du politique et de la renaissance d'une mondialisation fragmentée – qui fut finalement le modèle le plus fréquent de la globalisation.

La théorie des avantages compétitifs de Ricardo reste valable, mais on y a ajouté de nouveaux principes : la sécurité et la souveraineté. Le commerce demeure mondial, mais la mondialisation n'est plus heureuse, elle est devenue méfiante ; elle est même vue comme un facteur de stagnation socio-économique dans des pays en développement qui en avaient profité. L'interdépendance demeurera, mais doit être compensée par une réindustrialisation de certains espaces et par la démultiplication des possibilités de *supply chain*.

Ces moments de mutations profondes de la globalisation sont des moments charnières, forts de remises en question. La chute de Constantinople, par exemple, montrait un Moyen Âge confronté à ses limites. Aujourd'hui, nous – le monde moderne et ses modèles – rencontrons également une limite (retour du politique, épuisement des ressources, etc.). Cette limite amène le modèle de globalisation à se redéfinir, il nous faut inventer une nouvelle façon d'être globalisés, de manière fragmentée et résiliente. Et en son sein, comprendre que l'entreprise ne pourra plus être neutre. Nous l'avons bien vu en Russie par exemple : la stratégie des États et les décisions de leurs entreprises privées ont du mal à être distinctes.

LA FIN DE LA *START-UP NATION*

Cette interpénétration entre politique et économique semblait avoir particulièrement disparu dans l'univers de la tech, amenant à l'idée que la croissance de ce secteur, l'innovation et la créativité du monde des start-up, cette forme de travail reposant sur la passion, allaient constituer une forme de modèle national dépassant l'Histoire et s'extrayant des soubresauts du monde. En France même, le président de la République Emmanuel Macron, quand il a été élu en 2017, semblait l'incarnation de la *start-up nation*, une nation qui va bien, cool, jeune, urbaine, innovante, mondialisée – et finalement totalement illusoire, rattrapée d'ailleurs par les fractures sociales et la géopolitique mondiale.

Le retour au réel politique pour l'entreprise est d'autant plus important que les start-up elles-mêmes se défendaient de tout rôle politique, alors même qu'elles étaient évidemment des instruments très importants de transformation du monde. La Californie détient toujours 20 % de tous les investissements américains de venture-capital – un pourcentage qui a dépassé les 60 %

au plus fort de la croissance des entreprises de technologie au tournant des années 2000. Les États-Unis eux-mêmes représentent 50 % du venture-capital mondial en 2024, contre plus de 80 % en 2004*. Cela signifie tout de même que 10 % du total mondial se concentre sur la Silicon Valley, même si le financement s'est restreint. Et cela signifie bien sûr une forte responsabilité politique, au niveau mondial, car il ne peut y avoir de neutralité quant à la manière dont de tels investissements sont dirigés.

Pourtant, quand on soulignait cette responsabilité politique en 2016, les investisseurs vous répondaient que la dernière pépite était un « Nespresso du jus de fruits », ce qui n'avait rien de très politique. Arrêtons-nous un instant sur cette entreprise dont le destin est très représentatif des excès du monde des start-up, ce qui a causé sa faillite en 2017, un an après un engouement immense des investisseurs. L'idée de départ de Juicero était de permettre au client de boire de bons jus de fruits frais, sans les contraintes liées à leur préparation. La solution consistait à livrer des sachets de fruits et légumes frais à usage unique qu'il n'y avait plus qu'à glisser dans une machine propriétaire pour obtenir un délicieux jus. La start-up a levé 120 millions de dollars en trois ans auprès de fonds réputés.

Mais quand la machine a été mise en vente, elle l'a été à un prix exorbitant pour financer *a posteriori*, bien

* Tom Nicholas, *VC : An American History*, Harvard University Press, 2019.

sûr, les frais de recherche et développement. L'entreprise justifiait ce choix de prix en expliquant que sa machine exerçait sur les sachets de fruits et légumes une pression de quatre tonnes pour en extraire le jus, qu'elle était connectée à Internet et disposait d'un scanner permettant de vérifier la date de péremption des fruits et légumes.

Seul problème : dans le même temps, une journaliste de Bloomberg a démontré qu'elle obtenait exactement le même résultat en pressant simplement les sachets Juicero avec ses mains. Concernant le sachet lui-même, il valait entre 5 et 8 dollars et ne permettait de réaliser qu'un seul verre de jus – au prix d'un smoothie dans un bon café. Et le contenu des sachets consiste en une pâte informe qui n'a l'air ni naturelle ni saine, alors même que la communication de l'entreprise porte sur le concept d'alimentation saine et équilibrée.

Au bout d'un an, l'entreprise fit faillite, alors même qu'elle disposait initialement de tous les atouts pour réussir : une mission ayant du sens, faciliter la consommation d'aliments sains ; un marché porteur, les marques de jus de fruits frais ayant explosé aux États-Unis, une proposition de valeur innovante ; des investisseurs solides ; des collaborateurs recrutés dans les meilleures universités. Cet exemple pourrait faire sourire, mais il est assez représentatif d'une économie qui agit hors de la matérialité. Aujourd'hui, un tel scénario se reproduirait difficilement. Outre quelques scandales dans la Silicon Valley, le modèle qui était celui de nombreuses start-up se heurte à la fin de la déconnexion entre le discours stratégique pour lever des fonds et la capacité à exécuter, ainsi qu'à de nouvelles conditions de financement.

La dette n'est plus une formule magique. Cela vaut d'ailleurs pour tous les pans de l'économie, qui font face à une fragilisation de nombreux *business models.* La croissance comme fin en soi, déjà remise en question sur le plan sociétal, est maintenant attaquée sur le plan financier. Acheter du chiffre d'affaires avec de la dette, mécanisme à la source de nombreuses réussites depuis 2000, est désormais voué à l'échec. Sans capacité à augmenter ses prix au même rythme que l'inflation, la sobriété et la discipline font leur retour. Par ailleurs, la hausse du coût de la dette publique et la hausse fiscale corrélative directe (hausse des impôts) ou indirecte (baisse des services publics pour la même charge fiscale) tendent également les perspectives financières. L'inflation met la pression sur la création de valeur. La réussite économique se juge à un taux de rendement interne (TRI) au moins supérieur à l'inflation. Facile à taux négatif, plus complexe à 4 %. En parallèle, il y a des conséquences sociales sur les salaires, et la nécessité de garantir une progression proche de l'inflation. Cela suppose de changer la relation clients-fournisseurs. Le signal prix ne peut plus être le seul critère de choix. Le nombre de salariés ne sera plus le seul critère. La capacité des salariés à vivre décemment de leur travail en sera un autre, ce qui change l'organisation du travail.

Tous ces enjeux représentent un coup d'arrêt au modèle de la start-up appliqué à toutes les entreprises. Il continuera bien sûr à y avoir des start-up, mais nous assisterons à un retour de l'expérience. La *start-up nation* relève d'un moment où seule l'immédiateté comptait. Nous sommes entrés dans un monde où le temps moyen et le temps long sont déterminants. Le roman *Humus* de Gaspard Kœnig reflète bien les travers de la *start-up nation*, tout en laissant entrevoir ce qui précipite sa chute.

Les modèles plus classiques d'entreprises connaissent un regain. Il faut dire que beaucoup d'entre elles demeurent des leaders mondiaux, se sont adaptées à de nouveaux modèles économiques et technologiques, tout en préservant leur culture d'entreprise et la cohésion sociale en leur sein. Michelin en est un bon exemple. L'entreprise a annoncé la mise en place d'un « salaire décent » en avril 2024, valorise son histoire dans son musée l'Aventure Michelin, n'a pas quitté son siège de Clermont-Ferrand, ce qui ne l'empêche pas d'être une entreprise mondialisée, qui sécurise ses approvisionnements, investit dans l'innovation et réfléchit même à de nouvelles gammes de services autour du pneu avec des modèles novateurs.

Autre changement majeur, la remontée des taux d'intérêt, qui remet en cause non seulement une partie du modèle de la start-up, mais aussi des *business models* d'entreprises qui projetaient une croissance rapide financée par une dette qui ne coûte rien, voire à coût négatif.

Les banques centrales comme les États y ont mis fin, et le coût de la dette dépasse désormais la rentabilité opérationnelle de nombreuses entreprises. Cela signifie un changement profond des compétences requises pour diriger une entreprise. La fuite en avant de la start-up, fondée sur la dette, avec un dirigeant qui se veut visionnaire et voyant toujours plus grand, est terminée. Quelques faillites retentissantes l'ont démontré, comme celle de WeWork, plateforme de solutions et de locaux de coworking, jamais rentable. Être visionnaire en 2024 signifie comprendre que c'est la rentabilité immédiate qui permet de construire l'avenir et de naviguer dans un contexte géopolitique et environnemental complexe, qui nécessite des marges de manœuvre qui ne se trouvent plus aujourd'hui dans la dette. Dans un monde de prix en hausse, la *start-up nation* fait place à la *strategic nation*, et au retour de talents plus opérationnels.

Alors même que l'entreprise renoue avec sa double matérialité, elle est confrontée à une vague d'innovations numériques qui l'interroge à nouveau sur son organisation, ses métiers, et questionne le rôle d'un dirigeant confronté à cette accélération : l'essor de l'intelligence artificielle générative.

Le choc des données

Le développement de l'entreprise a entraîné une complexité de gestion de plus en plus importante, parallèle d'ailleurs à la bureaucratisation de l'État, générant de plus en plus de données, de *process* et de spécialistes de ces données, de leur monitoring et de leur usage dans la prise de décision des dirigeants. Autant de cadres intermédiaires qui sont en quelque sorte les gestionnaires de cette complexité. Or l'intelligence artificielle a franchi un nouveau cap dans sa capacité à exploiter et à analyser les données, ce qui va permettre de libérer une partie des salariés de l'entreprise de la gestion de la complexité. Ce qui rend sûre l'utilisation de l'intelligence artificielle dans ce contexte, c'est qu'elle puise ses *data* dans un univers fermé, celui de l'entreprise, où les données peuvent être auditées et sourcées – et si elles ne le sont pas, elles doivent l'être sous peine de biaiser l'analyse et la décision.

Mais l'IA ne fournira pas d'aide à la décision au chef d'entreprise confronté aux désordres du monde, aux *fake news*, à la désinformation. En effet, malgré le travail qui consiste à certifier les données et l'information, la vitesse de création de nouveaux contenus et leur nombre ne peuvent empêcher des données inexactes, voire volontairement erronées, d'être prises en compte par l'intelligence artificielle générative. Et les données disponibles peuvent être de véritables écuries d'Augias : si elles ne sont pas nettoyées, elles peuvent corrompre l'intelligence artificielle dans ses résultats. Ainsi, dès que la source de données est ouverte et non entièrement certifiable, la vérité de l'analyse est entachée du doute sur la vérité des sources. Par ailleurs, l'intelligence artificielle fonctionne sur les données du passé, ce qui ne la rend que prédictive et pas créatrice, une prédiction qui, dans un monde soumis à tous les bouleversements brusques que nous avons soulignés, peut se révéler rapidement faussée…

L'intelligence artificielle représentera bien sûr une aide à la décision pour un dirigeant qui devra cependant s'interroger sur la transparence des outils et garder son esprit critique sur les sources. Mais au regard du déchaînement du monde, il devra également savoir prendre ses propres décisions guidées par ce qu'il est et ce qu'il ressent, par son expérience en dehors du champ même de l'entreprise, pour la conduire, ainsi que ses équipes, à bon port.

L'IA découle de la rencontre entre la technique des algorithmes, qui a plus de mille ans, une masse de données immense grâce à Internet et des puissances de calcul en augmentation exponentielle. Elle constitue une formidable capacité à calculer des corrélations entre des données apparemment indépendantes, permettant de mettre en lumière des liens de causalité jusque-là ignorés. Grâce au *machine learning*, les algorithmes améliorent la pertinence de leurs résultats en éliminant les corrélations aboutissant à des conclusions hors contexte, autrement dit absurdes pour un humain.

La nouvelle génération d'intelligence artificielle de type ChatGPT est d'abord un modèle de traitement en langage naturel qui dépasse les règles et les algorithmes préprogrammés, qui repose sur l'apprentissage automatique, et qui crée des contenus originaux, textes, images, autres médias. Ses fonctionnalités vont donc bien au-delà des tâches de classification ou d'analyses existantes, et l'IA générative présente l'avantage d'être directement adaptée à des tâches très différentes sans avoir besoin de reprogrammation, à la différence des générations précédentes d'intelligence artificielle qui nécessitaient des développements supplémentaires pour créer des applications spécifiques. Cela signifie bien sûr un gain de temps et d'argent considérable, ainsi que la possibilité de tester très rapidement de nouvelles fonctionnalités. En optimisant l'interface humain-machine, elle facilite la maîtrise de l'IA et de ses potentialités et, en un sens, favorise son appropriation et la création d'une complémentarité et non d'une concurrence. Surtout, elle devient créatrice, avec une facilité déconcertante, de contenus, questionnant de plus en plus la place de la créativité humaine, jusqu'à l'écriture, la musique, la création artistique. Nous ne connaissons pas encore toutes les potentialités de l'intelligence artificielle générative : d'une part, parce que toute mutation prend un certain temps avant de générer des cas d'usage dans l'entreprise ; d'autre part, parce que le calcul quantique peut accélérer encore les potentialités, lorsque cette technologie sera maîtrisée.

Il y a un monde entre une meilleure analyse financière et une traduction simultanée qui fait également une synchronisation labiale sur la vidéo. Il y a un monde entre une analyse jurisprudentielle et un diagnostic médical assisté par l'intelligence artificielle. Pour les professions d'expertise (consultants, avocats, juges, auditeurs, etc.), le gain est évident, et la certification très forte dès lors que les données sont connues et finies. Mais qu'en est-il dans des univers ouverts ? Incertains ? L'intelligence artificielle générative n'est que biais. Ce n'est pas une raison pour ne pas l'utiliser. Mais en conscience.

UN NOUVEAU RAPPORT À LA VÉRITÉ ET À LA CRÉATION

L'intelligence artificielle générative repose sur l'utilisation de données, dont la propre véracité, la source, etc., conditionnent la justesse des résultats d'une requête. Plus les données sont traçables, certifiées, non sujettes à interprétation, plus le résultat de la requête sera juste. L'IA permet ainsi aux professions d'expertise de disposer rapidement d'une analyse précise et exhaustive des précédents dans toutes leurs dimensions. Ce qui avant devait être effectué par des collaborateurs durant un temps assez long et avec un taux d'inexactitude non négligeable est désormais rapidement disponible, sans erreur et de manière exhaustive. Sur le plan du droit, l'IA permet de disposer d'analyses de précédents d'une profondeur sans équivalent, réduisant à néant ou presque le risque d'erreur ou d'omission. Elle apporte ainsi une sécurité juridique sans faille. À tel point que certaines Cours suprêmes de pays de *common law* travaillent sur des projets d'IA pour effectuer toute la préparation analytique au jugement.

Mais, dès que l'IA utilise les données issues d'Internet, elle peut être alimentée par des erreurs factuelles, involontaires ou volontaires, et la question des sources qui l'entraînent et l'alimentent se révèle donc essentielle, quoique difficilement contrôlable dans un univers aussi foisonnant, avec des médias sociaux dont les utilisateurs représentent 60 % de la population mondiale. À partir du moment où certaines données ne sont pas fiables, le résultat ne l'est pas. Ce truisme est pourtant souvent ignoré lorsque l'on évoque ChatGPT, comme si la facilité d'usage emportait tout sur son passage et autorisait un taux d'erreur qui n'a d'ailleurs pas été mesuré – et qui ne peut pas l'être. Quand on regarde les questions de droit d'auteur, on voit bien qu'il n'est pas si facile que cela de remonter aux sources. Par exemple, en demandant à une IA conversationnelle d'écrire « à la manière de », on suppose qu'elle se nourrit de textes protégés par le droit d'auteur pour cela. Mais l'IA a-t-elle étudié le texte présent intégralement sur un site pirate ? A-t-elle aggloméré des citations prises sur de nombreux sites, citations qui respectent le droit de citation ? Sans compter les extraits publiés par l'éditeur ou dans la presse à son initiative… L'IA peut même se nourrir de textes parodiques soulignant les tics stylistiques… La transparence totale est-elle possible ? Sur la manière dont est construit un algorithme ? Sur les sources qu'il utilise ? De plus en plus d'entreprises, comme la start-up franco-américaine Hugging Face, mettent en avant la qualité du corpus qui sert à entraîner leur IA – ici en le rendant accessible à tous en *open data**. Il n'en demeure pas moins que, par principe, tout modèle est biaisé. Toute source est sujette à certification. C'est notre rapport à la vérité qui se trouve interrogé : il l'est partout sur Internet, il l'est tout autant avec la médiation que représente l'intelligence artificielle. Pourtant, nous avons tendance à considérer cette médiation comme gage de vérité. Nous ne devons pas perdre notre esprit critique devant le côté impressionnant de cette technologie : sans pensée humaine, elle risque d'être bien décevante dès qu'elle va quitter les univers de données fermées.

L'idée que la place de l'humain restera centrale procède aussi de la différence entre intelligence artificielle prédictive et intelligence créatrice, d'une analyse très rationnelle et pas d'une seule proclamation de principe. L'intelligence artificielle extrapole en fonction des données passées, elle est donc dans la prévision de la reproduction du même. En ne faisant confiance qu'à l'intelligence artificielle, aucune rupture historique ou

* David Larousserie, « Dans les secrets de fabrication de l'IA générative », *Le Monde*, 9 juillet 2024.

économique, aucun changement de paradigme scientifique n'aurait eu lieu.

La croyance en une sorte de prédestination, l'idée des alchimistes ou des sciences occultes que tout est écrit dans les signes que l'on nous donne, se retrouve parfois dans les discours des entreprises technologiques de notre siècle. Serions-nous en train de vivre un retour en arrière, assisterions-nous à une nouvelle forme de pensée magique sous le couvert du vocabulaire technologique ? Les professions d'expertise et notamment les services professionnels pourraient être tentés de le croire tant leur fin, ou leur mutation complète, est souvent annoncée à cause de l'essor de l'IA. À quoi bon des experts, lorsqu'un algorithme peut vous donner toutes les réponses à vos questions ? Et pourtant…

Le présupposé fondateur des études de corrélation est de croire que les phénomènes passés ont vocation à se répéter dans le futur. Mais, pour puissante qu'elle soit, l'IA n'en demeure pas moins entravée par des limites indépassables. En premier lieu, elle est sujette aux biais. Puisqu'elle traite des données existantes, ses conclusions reflètent nécessairement les *a priori* présents dans l'historique des environnements analysés. Plus un biais – ou une erreur de jugement sur le plan moral – a été répété de manière insidieuse dans le passé, plus il influencera les analyses de corrélation et donc les conclusions de l'IA. En second lieu, toutes les corrélations ne se valent pas. Certaines identifient des liens entre données qui sont de fausses causalités uniquement créées par la répétition non significative de certains aléas, ce que les mathématiciens arabes du Moyen Âge ont appelé « hasard ». Enfin, par construction, une IA ne fait que répéter le passé. Le présupposé fondateur des études de corrélation est de croire que les phénomènes passés ont vocation à se répéter dans le futur. Ce qui va à l'encontre de l'aspiration humaine à la créativité qui n'est rien d'autre que le refus du déterminisme.

Est-ce à dire alors que l'IA serait un faux savoir à renier au même titre que l'alchimie de la fin du Moyen Âge ? Bien sûr que non, ne serait-ce que parce que certains parmi les plus grands savants à l'origine de la Renaissance étaient aussi des alchimistes. Il faut en revanche l'utiliser pour ce qu'elle est sans lui prêter des capacités qu'elle ne peut avoir.

L'IA permet dès aujourd'hui, et encore plus demain, à tous les métiers du savoir de bénéficier d'analyses techniques de plus grande qualité et plus rapidement que par le passé. Pour autant que l'on sache s'en servir. Les collaborateurs qui auparavant effectuaient les recherches techniques doivent désormais se concentrer sur le fonctionnement de l'IA pour corriger ses biais ou *a minima* les comprendre pour en nuancer les conclusions. Quant à ceux qui sont en position de décider, ou de conseiller, ils doivent considérer les conclusions de l'IA pour ce qu'elles sont : une vision du passé appliquée au futur, qui ne peut appréhender l'intelligence des situations si importante à la qualité de la prise de décision.

En réalité, l'IA met sur le devant de la scène l'importance de la qualité de la prise de décision, fruit de l'expérience et de la volonté créatrice. Elle valorise la qualité du jugement humain. Et elle nous renvoie à un texte fondateur de la culture occidentale. Dans l'*Odyssée*, Ulysse connaît le jugement des dieux et le déterminisme qu'il impose. Il choisit de s'en départir et de tracer son propre chemin, dans un voyage qui ne cesse de nous inspirer trois mille ans après. Finalement, le principal mérite de l'IA est de nous rappeler que nous sommes humains.

COMMENT EMPRUNTER CE CHEMIN CRITIQUE VERS LA VÉRITÉ ?

Pour filer la métaphore de la navigation, utiliser sans recul l'IA générative serait se servir d'une boussole légèrement faussée, et se fier uniquement à des cartes anciennes sans observer que c'est peut-être un nouveau monde qui s'ouvre devant nous. Or, nous l'avons vu, ce nouveau monde n'est pas exempt de dangers et d'écueils inconnus, tels ceux qu'Ulysse a dû affronter.

Et pourtant, demain, inévitablement, l'intelligence artificielle va progressivement structurer nos choix, notamment au sein de l'entreprise. Nous n'avons pas la capacité mentale de refaire les calculs qu'elle fait, de comprendre son fonctionnement de manière simple et transparente, d'évaluer toutes les données qu'elle mobilise. Dans ce nouveau cadre, nous avons besoin de tiers de confiance qui peuvent nous aider à certifier les outils que nous utilisons et leurs sources – dans un prolongement finalement de l'audit extérieur de l'entreprise, de ses chiffres, de ses *process*, etc. Et il faut également apprendre la pensée de rupture et la sérendipité. Cela est essentiel pour l'entreprise. Si l'intelligence artificielle, dès lors qu'elle sort du monde clos des données propres à l'entreprise, repose sur les mêmes sources, fournit les mêmes réponses aux mêmes questions, les entreprises seront-elles encore en concurrence ? Ou seraient-elles menacées par le conformisme et finalement le risque de disparition ? C'est tirer le fil un peu loin. Ce risque existe, certes, mais les entreprises pourront encore se différencier par la créativité de leurs salariés. Cette créativité doit être le résultat d'un apprentissage tout au long de la vie, et dont une partie se fera au sein de l'entreprise.

Il nous faut inventer de nouvelles manières de penser. Depuis Aristote, nous sommes persuadés que le premier rapport à la vérité passe par les sens. Ce n'est plus vrai. Nous avons besoin de créer un chemin d'analyse critique pour y parvenir. Nous avons besoin d'éducation humaniste similaire à la *paideia* (« éducation des enfants ») grecque, ou ce que nous avons connu à la Renaissance. L'exemple de la *paideia* dans la Grèce antique est particulièrement intéressant ; ce terme renvoie aussi bien à une culture générale, mêlant connaissance et réflexion, qu'au projet éducatif visant à donner un corpus de connaissances et de valeurs fondamentales dont doit disposer un bon citoyen. Les principales matières enseignées étaient la grammaire, la rhétorique, les mathématiques, la philosophie, la géographie, la musique, l'histoire naturelle – mais aussi la gymnastique. Mais l'objectif plus large était de tendre vers un idéal de culture, de vigueur et de vertu. Homère, dans l'*Odyssée*, met d'ailleurs en avant l'excellence de l'esprit, nécessaire pour être victorieux. Dans *Les Définitions* de Platon, la *paideia* désigne « les soins que l'on dispense à l'âme ».

L'intérêt d'une telle éducation vis-à-vis de l'usage de l'intelligence artificielle se décline à plusieurs niveaux. D'une part, il n'est pas possible de recevoir et d'analyser des connaissances sans connaissances personnelles. Sans un socle organisé de connaissances, aucune nouvelle connaissance ne peut prendre sens, car elle ne trouve pas sa place dans ce qui a construit la réflexion sur n'importe quel sujet et, partant de là, l'utilisation d'une connaissance à bon escient. C'est un trop-plein qui déborde, sans jamais irriguer quoi que ce soit. Le rapport aux connaissances et à leur utilisation est un rapport aux sources ; d'ailleurs, les Grecs anciens avaient fait le choix de ne recopier que les meilleurs textes d'une époque. Enfin, la *paideia* doit permettre de faire face à tous types de situations, et donc à l'imprévu, *à ce qui ne s'est jamais présenté* – et donc ce pour quoi les modèles prédictifs ne marchent pas : c'est bien le sens de l'*Odyssée*. Cela rejoint d'ailleurs de plus en plus les aspirations des salariés qui veulent un épanouissement intellectuel, du sens, de l'humain, et qui considèrent l'entreprise comme un lieu de bien-être et même d'accomplissement personnel.

L'entreprise, par son action subversive sur son environnement, est désormais confrontée à des limites : limites politiques, écologiques et technologiques. Elle ne peut plus s'exonérer du politique. Elle doit passer d'une logique d'accumulation à un esprit d'optimisation pour l'ensemble de ses parties prenantes. Elle doit repenser toute sa prise de décision, ses modes opératoires, face à une technologie qui opacifie plus qu'elle ne dévoile. En bref, elle doit se préparer à un voyage mouvementé.

CHAPITRE 2

Naviguer pour s'adapter à un monde fluctuant

Le politique a repris ses droits, et l'action des États sur la scène internationale représente une variable qui sera déterminante pour les entreprises dans les années à venir. Mais l'entreprise elle-même est devenue porteuse de messages politiques et impliquée dans la marche du monde. L'entreprise n'a plus le choix de la neutralité, ce qui signifie qu'elle doit s'approprier le fait politique, et que de nouveaux profils de dirigeants doivent faire leur apparition.

Se réapproprier le fait politique pour l'entreprise signifie également se réapproprier sa matérialité et sa finitude : matérialité de la géographie et de l'histoire, finitude des ressources naturelles et menaces sur leur accessibilité sont bien davantage aujourd'hui les enjeux des dirigeants que la performance du contrôle de gestion. La relocalisation de l'entreprise n'est pas seulement physique, elle est aussi mentale : elle est implantée dans plusieurs lieux, certes, mais de quel environnement culturel se réclame-t-elle ? Le concept de multinationale apatride ne peut plus exister dans le monde actuel, même s'il ne s'agit pas de revenir à un nationalisme d'entreprise, mais de se fixer dans le cadre des grands ensembles géopolitiques et de leur vision de la société. De la même façon, la matérialité géopolitique – et la crainte de désordres mondiaux sanitaires et environnementaux – va mettre fin au concept d'entreprise sans usine, ainsi qu'à l'ère du juste-à-temps, possible uniquement dans un ensemble mondial apaisé aux voies de communication régulières. L'entreprise réapprend l'importance des stocks et des capacités de production localisées dans des espaces sûrs d'un point de vue géopolitique – elle ne peut dès lors plus être neutre.

L'entreprise doit réapprendre l'interaction avec les politiques. Les politiques influent sur la conduite de l'entreprise, les actions de l'entreprise exercent une influence sur le politique : cette maxime simple, qui a été la norme jusqu'à il y a une trentaine d'années, redevient juste. Mais elle s'exerce désormais à l'échelle internationale. Les questions actuelles sont : quelles valeurs l'entreprise porte-t-elle ? Comment les applique-t-elle dans les différents pays où elle opère ? Comment articuler les inévitables désaccords avec certaines causes politiques ? Comment être un lieu d'engagement collectif diversifié dans des sociétés polarisées ?

Mais si le retrait sur les sommets de la neutralité économique n'est plus une option, l'engagement politique peut être dangereux. En devenant partie prenante du politique, qu'elle le veuille ou non, l'entreprise se trouve dès lors comptable de choix nationaux, la conduisant à inventer sa propre voie, celle d'une diplomatie fondée sur un corpus de valeurs. C'est d'ailleurs ce que demandent les salariés, en quête de sens : que leur entreprise prenne position dans le monde.

Le rôle de l'entreprise dans les équilibres mondiaux

L'économie avait restreint le politique en le rendant économique et social, en le limitant à ce que Karl Popper appelait l'« ingénierie sociale de détail ». Nous sommes dans une période de retour du politique, mais au sein duquel l'économie mondialisée et l'entreprise jouent un rôle important. Au moment du déclenchement de la guerre en Ukraine en 2022, il n'y a pas eu de distinction nette entre la stratégie des États et les décisions de leurs entreprises privées. Une double limite apparaît : celle du politique qui, sans le pouvoir économique, ne dispose pas des pleins outils de sa puissance et celle de l'économie qui peut se retrouver bouleversée par le politique, comme nos voisins britanniques l'ont vu lors du Brexit. La rivalité des États, leurs tendances centripètes après des années de convergence, le retour des nationalismes s'articulent avec une internationalisation de l'économie qui demeure, d'où un contraste parfois saisissant entre les discours politiques et la réalité des échanges commerciaux. L'uniformisation même des politiques mondiales, cet irénisme d'une OMC qui finalement supplanterait l'ONU, ne paraît plus qu'un lointain souvenir. La double promesse de la réduction des inégalités entre pays comme au sein des pays n'a pas été tenue.

LES TENSIONS INTERNES AUX ÉTATS

Dans la Rome antique, le droit romain était universel mais ne concernait qu'une partie, privilégiée, de la population. Les autres restaient gérés par le droit local. La globalisation actuelle suit un schéma similaire : elle concerne une partie privilégiée de la population, mais laisse le reste dans une logique nationale. D'où les tensions entre une partie de la société, y compris ses élites, qui ont suivi les modèles nationaux historiques et ont le sentiment d'être en seconde division par rapport à ceux qui font partie de l'espace mondial. Ces phénomènes ont des traductions politiques extrêmement fortes, avec le rejet d'une partie de la population envers les élites – rejet qui concerne certes une partie de la classe moyenne, mais aussi une partie des élites elles-mêmes, celle qui n'a pas pris le chemin de la mondialisation. « *People from somewhere, people from anywhere* » : cette distinction s'applique de la même façon aux entreprises. Et ce refus de la mondialisation a généré des mouvements populistes importants dans le monde entier, particulièrement en Europe, des soubresauts politiques qui semblent désormais devenir la norme… Nous sommes bien loin de la fin de l'Histoire !

LA PLACE PARTICULIÈRE DES ENTREPRISES EUROPÉENNES DANS LE NOUVEAU JEU MONDIAL

Certes, l'espace économique européen est unifié, le niveau de vie est élevé, mais les disparités sociales sont de plus en plus vivement ressenties, et le poids politique de l'Union se réduit, faisant entrer l'Union dans une zone de turbulences à la fois internes et externes. L'Europe doit de nouveau se confronter au monde réel, au-delà de ses frontières, d'un point de vue d'une expression géopolitique de souveraineté comme d'une volonté géoéconomique d'indépendance. Les entreprises européennes, qui ont été le plus loin dans une neutralité politique en faisant des affaires dans tous les pays (y compris l'Iran, la Russie, etc.), ne peuvent plus désormais se penser en dehors du politique. La conflictualité de notre monde, les risques militaires, tout comme les flux migratoires, sont des réalités pour l'Europe aussi bien que pour l'entreprise européenne. Cette dernière doit par ailleurs assumer un positionnement particulier, qui n'est pas celui de l'entreprise américaine avec le caractère dominant qui lui est attribué, mais reposant sur une culture européenne, un esprit nouveau fondé sur toutes les composantes économiques, sociales et environnementales d'un monde durable.

Dans ce cadre, l'entreprise européenne ne peut pas échapper à son rôle politique et doit elle-même se repenser. Elle porte d'ailleurs en elle les germes d'un positionnement politique, voire moral, de l'Europe : une société dont la croissance du PIB ne constitue plus le seul indicateur, une société du sens et du désir, un projet plus large que des ratios économiques.

Cela étant, l'Europe ne peut faire que le choix de l'atlantisme. Penser qu'elle a un destin, seule, face à l'expansionnisme économique chinois et à l'expansionnisme militaire russe est une erreur. La question de la souveraineté est pour moi mal posée : la souveraineté européenne passe justement par ses liens avec les États-Unis ; elle peut être autonome, promouvoir sa propre culture, mais ne peut être totalement indépendante à cause de liens asymétriques. Ce sont des liens de protection militaire. Ce sont des liens économiques, financiers, qui apportent justement le capital nécessaire au développement des entreprises européennes ; le décrochage de l'Europe vis-à-vis des États-Unis va entraîner inéluctablement des rachats d'entreprises. L'innovation est également asymétrique, avec un différentiel important de recherche et développement, de l'ordre de 3,5 % du PIB aux États-Unis, contre 2 % en Europe (avec des disparités internes là encore très importantes). Ne nous laissons pas abuser par la double crise populiste que traversent aussi bien notre continent que les États-Unis :

c'est encore dans cet espace que se situent les valeurs qui sont celles du capitalisme tempéré et du libéralisme humain.

Cependant, l'entreprise n'est pas un État, même si elle est un acteur de la diplomatie mondiale. Elle est mue par ses propres contraintes internes. C'est donc un équilibre fragile pour le dirigeant que de sortir de cette neutralité tout en maintenant une cohésion des équipes. Cela est possible à partir du moment où les valeurs de l'entreprise sont clairement exposées, et lorsque les prises de position sont immédiatement mises en relation avec ces valeurs.

LA QUESTION ENVIRONNEMENTALE, NOUVEAU DÉFI POUR LES ENTREPRISES

L'économie est fondée sur le désir, c'est l'entretien de ce désir qui crée le passage continu à l'acte d'achat du consommateur, et qui permet à la machine capitaliste de continuer à produire. Or la question du désir est de plus en plus internationalisée, et de plus en plus façonnée par les crises que nous vivons, notamment la crise écologique et climatique.

Nous voyons bien aujourd'hui les différences marquées entre les consommateurs selon les pays et les profils socioprofessionnels. Certains ont intégré une nécessaire frugalité, l'économie circulaire, la prise en compte de critères sociaux et environnementaux dans leur consommation. Le désir est un miroir de l'éthos du consommateur, et, pour certains consommateurs, l'acte d'achat devient un acte citoyen, obligeant l'entreprise à intégrer ces nouvelles données non seulement dans sa communication, mais bien dans sa production. L'époque où le *greenwashing* pouvait suffire est terminée.

Toutes les parties prenantes de l'entreprise sont donc confrontées à la limite des ressources qui l'alimentent. Toutes les parties prenantes jugent et jaugent, par contrainte, nécessité ou choix, les efforts d'application des critères environnementaux et sociaux de gestion de chaque entreprise. Plus que jamais, après le salarié dans les années 1960, c'est le consommateur qui devient une partie prenante de l'entreprise.

L'Union européenne a été en avance sur la normativité environnementale des entreprises, qui aujourd'hui peuvent l'en remercier, en imposant un certain nombre de règlements qui donneront un avantage compétitif à l'économie européenne. Le tour de force qu'est en passe de réussir l'Europe, et dont on ne lui fait pas encore assez crédit, c'est d'avoir mis en place des règles qui s'imposent également aux entreprises des pays tiers pour leur activité au sein de l'Union européenne, ce qui signifie que notre marché a des règles d'accès contraignantes. Par exemple, l'impact de l'action de l'entreprise sur l'environnement, positif comme négatif, doit désormais apparaître dans la communication de l'entreprise – il en va de même pour la prise en compte des droits humains. La mesure de la performance des entreprises inclut désormais ces données, ce qui n'est pas sans impact par ailleurs sur le désir du consommateur, comme les communicants et les publicitaires l'ont bien compris.

La directive européenne 2022/2464, appelée CSRD (*Corporate Sustainability Reporting Directive*), adoptée le 10 novembre 2022, est entrée en vigueur progressivement à partir du 1er janvier 2024. Elle établit un nouveau cadre de *reporting* des entreprises, cotées ou non, en matière de responsabilité environnementale et sociale, avec de plus en plus d'indicateurs communs et des obligations non seulement de transparence, mais aussi d'action. Cette réglementation met fin au *greenwashing*, au monde de la parole qui n'a aucune raison d'être performative tant qu'elle fait illusion. Elle permet aux entreprises de partager les mêmes normes, d'instaurer une comparabilité, et une fois pleinement appliquée, elle constituera pour le tissu économique européen un véritable avantage comparatif. Elle crée un langage commun qui permet ensuite un choix et une action éclairés.

Il n'y a aucune entreprise qui ne soit impactée par le mouvement du monde. Le président de BlackRock ne s'inquiète pas des enjeux démographiques et environnementaux par altruisme. Les marchés de capitaux servent en grande partie à financer les retraites, et le risque environnemental est intégré à la gestion des portefeuilles. C'est bien la question de la gestion de la baisse de rendement programmé des retraites qui se pose à ces fonds. Une des réponses réside dans l'amélioration du rendement écologique et social du placement. La prise en compte d'indicateurs non financiers dans la performance d'une entreprise, demain dans celle d'une économie, est certainement le plus grand basculement en cours.

Dès 2008, Nicolas Sarkozy avait confié à Amartya Sen et Joseph Stiglitz le soin de définir une nouvelle mesure du progrès qui ne repose plus exclusivement sur le monétaire, poursuivant en cela le remplacement progressif du PIB par habitant par l'IDH (indice de développement humain) créé par le Programme des Nations unies pour le développement. Certains sont même allés jusqu'à mettre en avant le bonheur national brut revendiqué par le Bhoutan – sans voir qu'il pouvait s'agir là d'un paravent à une absence de lutte contre la pauvreté. Si les conclusions du rapport Sen/Stiglitz n'ont pas été portées politiquement, elles n'en demeurent pas moins un jalon dans la constitution d'un nouveau système de mesure holistique. L'Europe est en avance, grâce à la capacité normative de l'Union européenne, grâce également à la force de l'engagement de ses citoyens. Les États-Unis et la Chine, d'une façon ou d'une autre, en viendront à promouvoir cette vision, ne serait-ce que pour des contraintes financières ou démographiques. Ils ont déjà commencé à le faire, à leur façon.

Il est essentiel pour un dirigeant qui a une ambition globale pour son entreprise d'être pionnier dans la prise en compte de la double matérialité dont nous parlions plus haut et qui constitue un vrai changement de paradigme. Il lui revient de créer un projet d'entreprise qui mobilise la société, car ses parties prenantes, partenaires, actionnaires, salariés, clients, s'inscrivent dans cette nouvelle exigence sociale et environnementale, la seule qui puisse répondre à la finitude de nos ressources et donner un nouveau moteur au capitalisme.

L'ENTREPRISE FACE AU DÉFI MIGRATOIRE

Enfin, le dirigeant n'a pas d'autre choix que de s'impliquer dans des débats politiques, prenant un risque élevé, lorsqu'ils sont vitaux pour l'avenir de l'entreprise. Je l'ai déjà dit, la démographie est et a toujours été un moteur extrêmement fort de l'économie. Le phénomène migratoire ne cesse de croître, qu'il soit mû par des facteurs économiques, géopolitiques ou climatiques. Dans le contexte français et européen d'une montée des discours politiques anti-immigration dans des univers où la culture économique reste faible, le dirigeant se doit d'exprimer son avis, car il y va de l'avenir de son entreprise.

J'avais eu l'occasion de mettre en avant en 2023, durant l'examen du projet de loi sur l'immigration, la nécessité de faire davantage encore appel à une main-d'œuvre étrangère pour pallier la pénurie des compétences. J'en suis toujours convaincu : l'immigration doit être davantage abordée sous le prisme économique – et pas seulement social et politique. Nous nous trouvons face à un *labour gap*, voire un *labour crunch* ;

la tendance va s'amplifier dans les années à venir et les entreprises y sont déjà confrontées, le ralentissement démographique générant une pénurie de main-d'œuvre et de compétences, et créant des situations de tension dans de nombreux métiers.

Même la discussion sur les fameux « métiers en tension » reste trop focalisée sur les emplois à pourvoir dès aujourd'hui dans le bâtiment, la restauration ou le service à la personne. Les métiers en tension de demain, dont il faut se préoccuper vite, sont aussi tous ces emplois hautement qualifiés qui n'existent pas encore. Ceux induits par les révolutions technologiques, par la mutation climatique, et ceux qui serviront à faire le lien entre toutes ces transitions, par leur capacité à synthétiser et à mettre en perspective les nouvelles problématiques.

Nous sommes d'ores et déjà entrés dans une compétition mondiale pour attirer ces talents : les entreprises et les États se sont lancés dans une course à l'attractivité pour pouvoir construire des équipes compétitives et outillées pour préparer les décennies à venir. Attirer des talents au-delà de ses frontières, c'est pour l'Europe l'une des conditions pour rester compétitive et innovante – et particulièrement pour une France en retard par rapport à ses voisins en la matière. Le Conseil d'analyse économique a souligné dans une note parue en 2021 combien la France était en décalage avec ses voisins, et plus largement les pays de l'OCDE, s'agissant de l'immigration hautement qualifiée*. D'après l'OCDE, pour la période 2000-2010, la contribution des immigrés à l'accroissement du stock de travailleurs hautement qualifiés n'a été que de 3,5 % en France alors qu'elle était de plus de 10 % au Royaume-Uni, en Australie ou au Canada, et de près de 7 % aux États-Unis et en Suède. Si l'on compare sur 2016 la nature de l'immigration entre l'Australie, les États-Unis, le Royaume-Uni, l'Allemagne et la France, la France est le seul pays où l'immigration faiblement qualifiée arrive en premier**. La France, 6e puissance économique mondiale, n'était en 2021 que 19e au classement mondial « compétitivité et talents » élaboré par l'Insead***, qui mesure la capacité d'un pays à attirer, produire et retenir des talents. Loin derrière la Suisse, Singapour et les États-Unis, elle est également devancée par les pays scandinaves, l'Allemagne, les Pays-Bas ou encore le Royaume-Uni. Notre pays n'a clairement pas de stratégie en la matière.

La compétition mondiale pour les talents, renforcée par le contexte de raréfaction de la ressource travail, est particulièrement marquée dans la tech. La transformation numérique et l'automatisation modifient la

* Emmanuelle Auriol et Hillel Rapoport, « L'immigration qualifiée : un visa pour la croissance », *Notes du Conseil d'analyse économique*, novembre 2021, 67, p. 1-12.

** OCDE, base de données sur les immigrés dans les pays de l'OCDE et dans les pays non OCDE (DIOC 2015-2016).

*** Insead et Portulans Institute, *GTCI 2021, indice mondial de compétitivité en matière de talents : mettre l'accent sur les métiers et compétences à caractère écologique et numérique est crucial pour la compétitivité en matière de talents en ces temps de Covid-19*, 2021.

nature du travail, augmentant la demande pour des compétences en informatique, en analyse de données ou en intelligence artificielle. Or, il y a un écart entre les compétences enseignées et celles demandées par le marché du travail moderne. L'immigration de main-d'œuvre qualifiée peut aider à combler cet écart. En 2050, la moitié des jeunes diplômés seront originaires d'Afrique ; le niveau des étudiants africains en mathématiques est souvent supérieur à celui observé en France… Ignorer ce réservoir de talents serait une erreur stratégique majeure pour notre économie. Plus près de nous encore, il existe des talents qui ne sont pas encore mobiles pour des raisons géopolitiques : c'est le cas des jeunes Biélorusses, extrêmement bien formés en mathématiques et plus largement dans les métiers du numérique, et qui ne sont pas encore intégrés au marché européen, voire mondial, du travail. Quand ils le pourront, quels atouts aurons-nous à mettre en avant ?

Le volontarisme en matière d'immigration et d'inclusion des talents de toutes origines géographiques n'est pas une question de bonnes intentions : c'est une nécessité vitale pour les économies européennes. L'enjeu va donc être de plus en plus de créer des régimes fiscaux et sociaux favorables, d'abaisser le coût du travail pour attirer cette main-d'œuvre étrangère. De nombreux pays l'ont fait. Les États-Unis, le Canada, l'Australie, l'Allemagne et même, récemment, le Japon, traditionnellement réticent, ont adopté des politiques ambitieuses en matière d'immigration. Aux États-Unis, les immigrants représentent 13 % de la population, mais 26 % des entrepreneurs ! En Allemagne, un système de points a été mis en place pour attirer les près de 400 000 travailleurs qualifiés dont l'économie du pays a besoin.

Les succès de ces politiques ont creusé l'écart. La France se distingue par une dominante d'immigration faiblement qualifiée, quand le Canada et l'Australie accueillent majoritairement des travailleurs diplômés de l'enseignement supérieur et les États-Unis et l'Allemagne des travailleurs d'un niveau d'études intermédiaire. La pénurie de talents se constate à toutes les échelles : dans des grands groupes, pleinement engagés dans une compétition mondiale, mais plus largement chez l'ensemble des acteurs économiques. La difficulté à pourvoir certains postes est très réelle aussi dans les PME et les ETI de tous les secteurs d'activité. En 2023, une étude du Lab de Bpifrance sur la pénurie de talents dans les PME et ETI industrielles posait d'ailleurs les bases d'un débat serein sur l'immigration économique, de manière globale et chiffrée, en montrant les besoins colossaux d'emplois à pourvoir (400 000 emplois supplémentaires d'ici 2035 dans l'industrie). Elle montrait qu'une majorité des dirigeants adoptaient une posture pragmatique et étaient favorables à augmenter l'immigration de travail. Ceux qui ont franchi le pas, d'après cette étude, ont jugé que l'intégration des collaborateurs étrangers était généralement facile.

L'intégration économique n'est pas un idéal, mais une nécessité vitale. L'apport des talents étrangers à l'économie française n'est pas seulement une question d'inclusion, c'est un levier de performance – et *in fine* une source de souveraineté. Les dirigeants d'entreprise ont un rôle à jouer pour dépassionner le débat et en construire une approche lucide et stratégique.

L'entreprise actrice d'un nouveau contrat social

Plus que sa propre volonté, c'est le monde qui force l'entreprise à prendre un nouveau rôle politique. Elle est souvent en avance quand l'État tarde à percevoir les mutations sociales, et est donc condamnée à être le poisson-pilote des mutations du monde. L'entreprise pionnière a ensuite participé à la structuration politique de la société, comme ce fut le cas à la Renaissance.

Dès le XIXe siècle déjà, l'entreprise a été associée à la construction des assurances sociales, et elle joue un rôle particulièrement fort dans les pays ayant un modèle de gestion paritaire, que nous avons évoqué dans le premier chapitre. L'entreprise est dès lors totalement partie prenante de nos démocraties ; elle contribue à son contrat social. Or ce contrat social doit évoluer sur deux plans : d'une part, en prenant en compte la transformation des métiers notamment face au développement de l'intelligence artificielle ; d'autre part, en tenant compte des impératifs et des opportunités de la transition écologique. S'il est de la responsabilité du politique de favoriser une transition ordonnée, équitable et participative, l'importance de la question de l'accompagnement et de la protection sociale fait de l'entreprise un acteur majeur du dialogue social et politique qui doit s'établir.

LE CONTRAT SOCIAL À L'HEURE DE LA TRANSFORMATION DES MÉTIERS

Même sans connaître exactement l'ampleur des transformations, nous ne pouvons qu'être conscients de la transition extrêmement rapide que va générer l'essor de l'utilisation de l'intelligence artificielle, et ses conséquences sur des catégories de salariés, par leur métier ou par leur âge, qui ne pourront que partiellement s'adapter à ce pivot très soudain.

Certes, les prévisions les plus pessimistes ne se sont pas réalisées. En 2014, dans une étude réalisée pour Roland Berger, Hakim El Karoui pointait les conséquences de la transformation numérique en termes de destruction d'emplois (estimée à 3 millions d'ici à 2025 pour la France), sans que celles-ci ne soient pour autant compensées par des créations d'emplois en nombre équivalent, comme si la destruction créatrice de Schumpeter s'enrayait. Les chiffres ont donné tort à cette étude : selon l'Insee, le taux de chômage s'établit à 7,5 % de la population active en France au premier semestre 2024, alors qu'il était de 10,4 % en 2014 à la publication du rapport… Certes, il y a eu des destructions/créations, mais nous sommes loin d'un mouvement massif, et surtout le bilan est positif (même en redressant les données de la démographie).

La vague récente de développement de l'intelligence artificielle générative – celle de ChatGPT – va en effet transformer le monde du travail en grande partie comme nous l'imaginions il y a dix ans, quoique pas forcément dans les mêmes secteurs. L'Organisation internationale du travail (OIT) a publié une étude en août 2023, *Generative AI and Jobs : A Global Analysis of Potential Effects on Job Quantity and Quality*, qui affirme que les emplois seront plus complétés que remplacés par la vague d'IA générative. C'est d'ailleurs ce que pensent les salariés eux-mêmes, même si leur principal sentiment demeure le doute. En effet, d'après une étude de Robert Half, *Ce que veulent les candidats*, en avril 2024, 40 % des salariés interrogés pensent que l'IA affectera positivement leur métier, 19 % négativement, et 41 % ne savent pas. Les jeunes sont plus nombreux à penser que leur métier sera impacté positivement, les plus âgés ne sont pas « négatifs », mais leur taux d'incertitude augmente.

Sur ce sujet, comme sur tant d'autres, notre époque n'est guère originale. Chaque grande transition technologique, qui chaque fois a aussi été sociale, a d'abord été accueillie avec méfiance. L'esprit humain semble conservateur par défaut et n'adopte les évolutions que lorsqu'elles font partie intégrante de son quotidien. Au XVe siècle, l'invention de l'imprimerie est accueillie avec hostilité par ceux qui maîtrisent et contrôlent le savoir, l'Église et la noblesse. On prévoit un effondrement du savoir (lié à la baisse des besoins de mémorisation), des troubles sociaux (liés à la diffusion de masse d'informations subversives) et une destruction d'emplois (ceux qui travaillaient sur les parchemins). Toutes ces prédictions n'étaient pas fausses. Sans l'imprimerie, et la diffusion corrélative des pamphlets, la Révolution française n'aurait peut-être pas existé. Le corps ecclésiastique des Bénédictins, spécialisé dans la production de manuscrits et d'enluminures et donc détenteur d'un certain monopole sur le savoir, verra son influence grandement réduite. Mais, en contrepartie, cette diffusion plus large du savoir a alimenté l'essor des Oratoriens, et surtout des Jésuites, qui disposaient d'une plus large matière pour convertir de nouveaux fidèles.

Nous avons un travers culturel à privilégier l'immobilisme comme si nous risquions d'être une nouvelle fois exclus d'un paradis terrestre qui semble pourtant bien loin du monde actuel. Nos sociétés donnent l'impression de vouloir vivre dans ces romans, ou séries, d'*heroic fantasy* où les millénaires passent sans aucune évolution technologique, dans des mondes purement politiques où l'économie n'existe pas. Or l'économie est par essence évolutive, ne serait-ce que parce qu'entreprendre est la « résolution hardie de faire quelque chose », pour reprendre la formule du dictionnaire de Furetière.

En réalité, il y aura vraisemblablement demain plus de changements dans la qualité des emplois, dans l'intensité au travail et dans l'autonomie que dans le nombre d'emplois disponibles. La proportion d'emplois concernés par l'IA est en outre dix fois plus élevée dans les pays aux revenus élevés, par rapport aux pays à faibles revenus, du fait de la proportion plus élevée d'emplois de bureau. Toutes les professions ne seront pas concernées de la même manière, tous les pays non plus, avec des accélérations de la recomposition des espaces de sous-traitance informatique, comme l'Inde et le Maroc.

Les conséquences sur les futurs rapports Nord-Sud restent à anticiper. En effet, de nombreux pays du Sud, y compris en Europe, ont construit leur développement – ou rebond pour la Grèce ou l'Italie – sur la vente de prestations de services à haute valeur ajoutée, essentiellement en technologie, aux pays à coûts du travail élevés, dont le nôtre. Or l'IA a vocation à remplacer une partie significative des services technologiques, réduisant les besoins du Nord vis-à-vis du Sud. La compétition par le coût du travail s'en trouvera moins pertinente, la capacité à investir dans l'IA devenant le principal terrain de compétitivité. L'essor de l'IA sur les deux prochaines décennies pourrait avoir l'effet inverse des chocs pétroliers : à savoir accentuer les avantages compétitifs des pays du Nord, dotés de marchés de capitaux et de consommation développés et incités à innover compte tenu du coût élevé de leur travail, à l'instar des facteurs qui ont provoqué les révolutions industrielles précédentes. Les pays du Sud doivent alors investir le terrain de l'innovation plutôt que celui de la main-d'œuvre bon marché. Tous n'y arriveront pas facilement. Les inégalités Nord-Sud risquent ainsi de s'en trouver accentuées, aboutissant à de nouveaux équilibres géopolitiques et de nouvelles sources de tension. À titre d'exemple, l'économie américaine de la tech et du service et, avec elle, une partie de l'économie française sont très dépendantes de l'Inde comme centre de production tertiaire de qualité et à bas coût, ce qui finance son développement économique et social. Qu'en sera-t-il demain quand une partie importante du travail exporté en Inde sera effectuée par des IA pilotées aux États-Unis ou en Europe ? Qu'en sera-t-il de la stabilité de l'Inde comme alliée américaine et prestataire stratégique de grandes entreprises françaises ? Qu'en sera-t-il des investisseurs qui découvriront que sortir de l'Inde est au moins aussi complexe que de s'échapper du labyrinthe du Minotaure ?

Oui, l'IA va profondément modifier nos modes de production économiques et avec eux nos équilibres sociaux. Cela étant, au plus près de l'individu, l'IA peut nous libérer, et donner plus de temps et de place à la réflexion par rapport à la répétition, inventer les changements de paradigme et les pas de côté dont elle n'est pas capable. L'intelligence artificielle va être un accélérateur extraordinaire du potentiel de chacun en libérant les tâches de bureau de leur caractère parfois très répétitif et processé pour laisser plus de place à l'analyse et à la créativité, à l'esprit critique. Plus que jamais, nous n'aurons donc pas seulement besoin d'ingénieurs, de techniciens, de financiers. Nous avons besoin d'historiens, de sociologues, d'économistes, de philosophes pour penser ces transformations de la société et des organisations liées au numérique. Nous avons besoin des créatifs qui alimenteront les réseaux en contenus. Nous avons besoin des artistes qui sauront utiliser les techniques digitales pour nous faire réfléchir sur notre monde. Bien évidemment, il faut former des programmeurs, des développeurs. Mais ceux qui ne pensent qu'à l'aspect technique se trompent lourdement. Il faut comprendre cette société qui vient pour apporter des solutions innovantes, le covoiturage, la location de chambres dans tous les pays du monde, l'e-commerce et la livraison à domicile, les déplacements à la demande par différents moyens de transport, etc. Et pour cela, il faut des profils très variés, qui comprennent les transformations sur le plan social aussi bien sinon plus que technique.

Là encore, rien de bien nouveau, même à l'ère de l'IA. Il y a près d'un siècle, dans sa conférence « La question de la technique », Heidegger prédisait les conséquences de la culture technologique en termes de rupture d'équilibre avec la nature et de perte d'humanité dans nos modes de pensée. Cet essai sur les rapports entre humanité et écologie se distingue par une réflexion originale ouvrant de nombreux chemins porteurs d'espoir. Dont celui de renforcer le rôle de l'art, de la créativité, pour se protéger des déséquilibres technologiques. Nous le verrons, dans la troisième partie de cet ouvrage, le dirigeant de demain sera plus un artiste qu'un technicien.

En effet, les métiers dans lesquels le sens du relationnel et la capacité décisionnelle sont les plus valorisés vont devenir de plus en plus importants. C'est sur ces métiers qui produisent une forte valeur ajoutée que les entreprises font porter aujourd'hui leurs efforts de recrutement. Et quatre secteurs tireront leur épingle du jeu : l'environnement, la performance des entreprises, la relation client et les nouvelles technologies elles-mêmes. Cela dessine un plan de formation, qui a du mal d'ailleurs à émerger dans notre pays. Une offre privée foisonnante surgit, dans laquelle il est parfois difficile de se repérer, et qui propose des formations aux métiers du numérique. Il y a toujours une préférence, que je comprends, pour le diplôme traditionnel. Mais, aujourd'hui, nos facteurs de recrutement sont en train de changer : ce n'est pas que nous laissons de côté les diplômés de Centrale, de Sciences Po, d'HEC, de Polytechnique ou d'Ulm, c'est que nous accordons une valeur nouvelle à des profils atypiques et à des formations issues d'écoles moins connues, mais aux formations très pointues.

Pour améliorer les compétences, rien ne vaut la libre circulation des talents, qui va devenir la règle entre les entreprises, mais aussi entre les pays. Bien sûr, la génération d'aujourd'hui est post-Erasmus au sens où elle peut suivre un Mooc sans se déplacer… Mais il faut continuer à encourager cette culture de l'échange entre personnes dans un même lieu. La rencontre des cultures s'ajoute à celle des compétences, et si j'embauche un Danois qui a étudié à Londres et travaille dans une fintech estonienne, je sais qu'au-delà de ses compétences, il transmettra forcément un surplus de créativité et d'ouverture d'esprit à mes équipes.

Ce mouvement rapide de bascule va poser des questions sociales importantes qu'il appartient à la puissance publique et à l'entreprise de traiter. Première question, l'impact sur la parité de la révolution de l'intelligence artificielle. Les femmes sont surreprésentées dans les emplois de bureau, ce qui signifie qu'elles seront deux fois plus touchées que les hommes par les changements majeurs que va représenter l'IA pour ces tâches. Par ailleurs, les métiers de la tech sont peu féminisés, ce qui interroge dès l'origine sur l'orientation des jeunes filles hors des filières scientifiques, alors même que leurs résultats dans les matières scientifiques au collège sont meilleurs que ceux des garçons. Cela fait partie des biais contre lesquels des associations, dont la Fondation Deloitte, luttent, en faisant découvrir le métier d'ingénieur et ceux liés à l'informatique aux filles. Mais cela reste trop insuffisant : l'Éducation nationale, en partenariat avec les écoles et les entreprises concernées, doit commencer un travail sur l'orientation dès le collège. Et nombreuses sont les entreprises de la tech à renforcer leur recrutement de profils féminins, ce qui est également un facteur d'évolution de long terme. Il faudra donc veiller à créer de nouveaux indicateurs de parité pour corriger ces biais. Et ce d'autant plus que l'intelligence artificielle risque elle-même de renforcer des biais habituels en termes de recrutement, d'évaluation, de stéréotypes de genre, dans la mesure où elle se fonde sur le passé.

Dans ce nouveau contrat social, il faudra également lutter contre le renforcement des inégalités sociales dans l'éducation. Le coût des études qui forment les leaders ne cesse d'augmenter, et elles seront de plus en plus réservées à une élite financière. Sachant combien le modèle français était déjà fondé sur la reproduction sans que le biais financier ne joue pour l'instant trop, on ne peut qu'imaginer les conséquences. À partir du moment où les formations s'internationalisent et où les études à l'étranger deviennent même une nécessité se pose la question de leur financement et du rôle de garantie de prêt étudiant que pourrait jouer l'État en dernier ressort pour les étudiants qui n'ont pas la capacité d'emprunter dans un système bancaire français qui est bien moins habitué que d'autres pays aux montants de prêts étudiants très élevés. Se contenter de dire qu'il y a de très bonnes études gratuites en France n'est pas suffisant. C'est vrai, mais cela ne signifie en rien qu'une formation à l'étranger ne puisse être nécessaire, notamment aux besoins des entreprises. Ne nous mettons pas des œillères inutiles et accompagnons ces jeunes dans leur parcours d'études à l'étranger.

Nous devons par ailleurs répondre aux attentes de plus en plus fortes en matière de formation continue au sein de l'entreprise. Pour la plupart des dirigeants, la formation continue interne doit servir à mettre les salariés à niveau des innovations, technologiques comme managériales par exemple. Je crois qu'il ne s'agit que d'un aspect parmi beaucoup d'autres : penser les transitions nécessite des humanités, et ces disciplines sont de plus en plus absentes des formations initiales. L'entreprise doit être un lieu de curiosité et ne pas avoir peur de proposer, au sein d'universités internes par exemple, des cycles qui n'ont rien à voir, du moins de prime abord, avec leur secteur ou l'objet entreprise. Un cycle sur les grands voyageurs, est-ce totalement inutile par les temps qui sont les nôtres ? Je ne pense pas. Une réflexion philosophique autour du couple questions/réponses a-t-elle du sens ? Je le crois, particulièrement quand nos questions sont à l'origine de l'action des IA conversationnelles. La formation continue doit redevenir un sujet de dialogue social au sein de l'entreprise dans une vision plus large, plus proche de la *paideia* grecque que j'ai déjà mentionnée. C'est dans cet esprit que Deloitte a créé trois universités dédiées à l'apprentissage des savoirs non techniques, aux États-Unis, en Asie et une en Europe qui est située à proximité de Paris.

L'essor de l'intelligence artificielle et les gains de productivité qui en découlent vont également reposer la question de l'évolution de l'organisation et du temps de travail, que les partenaires sociaux ne pourront éviter. Le télétravail a déjà, de fait, rebattu de nombreuses cartes. Est-ce un problème, tant que les tâches sont accomplies ? Les entreprises de la Renaissance n'avaient pas de bureau. Le bureau apparaîtra avec la seconde révolution industrielle et sera rapidement considéré comme un signe de l'aliénation du travailleur. Pour autant, nous l'avons vu, l'entreprise n'est pas virtuelle, elle est au monde, et a donc besoin d'espace physique pour s'exprimer. Je ne crois pas au télétravail total. Les lieux partagés et communs sont essentiels, mais le bureau n'en est pas la seule expression. Repenser les bureaux comme des lieux de sociabilité où toutes et tous se retrouvent est critique face aux évolutions de la société.

La réduction du temps de travail, la hausse du nombre d'heures consacrées à la vie familiale, aux loisirs, à l'épanouissement, est un mouvement constant de l'Histoire – et rejoint finalement certaines aspirations de la Rome antique sur la vie heureuse. Le risque est cependant d'aboutir à une rupture totale entre une population qui peut télétravailler et accomplir ses tâches en quatre jours et une autre qui non seulement ne peut pas télétravailler, et donc subit des durées et des coûts de transport qui peuvent être importants, et reste à une semaine de cinq jours. Cela représente un double handicap. L'entreprise peut en partie le compenser par la prise en charge de coûts de transport, mais il faut clairement envisager des expérimentations, autour des avantages salariaux, de l'aménagement du temps de travail, de la formation professionnelle, mais aussi du logement et de la garde d'enfants, pour rendre les emplois plus attractifs et lutter contre la pénurie de main-d'œuvre. Encore une fois, la réalité démographique s'impose sans échappatoire, à court terme au moins, et il est évident que les pénuries nous guettent dans tous les secteurs. Rendre heureux les salariés, augmenter leur productivité, mais sur une période plus restreinte, va être nécessaire pour garantir l'attractivité des entreprises. Pourquoi ne pas l'anticiper dès maintenant ? Demain, peut-être, les chaînes d'hôtels se transformeront en spécialistes de l'hospitalité professionnelle, offrant des lieux aux entreprises. Le bureau inspirant constituera-t-il à l'avenir un service ?

Autre sujet qui mérite des discussions paritaires, et de l'anticipation : le revenu universel. Ne nous voilons pas la face, s'il y a une partie de la population dont les compétences deviennent obsolètes, nous ne bénéficierons pas à court terme des moyens de formation pour les orienter vers d'autres métiers. Et certains n'y arriveront pas, notamment en raison de leur âge, mais pas seulement, l'illectronisme touche aussi des jeunes. Nos concitoyens qui ne maîtriseront pas l'IA ne doivent pas être condamnés au RSA, alors même qu'ils se sont formés, qu'ils ont travaillé et sont victimes d'une rupture technologique extérieure profitant au plus grand nombre. Si l'intelligence artificielle génère de la productivité et de la croissance, alors les fruits de cette croissance doivent être partagés d'une façon ou d'une autre avec ceux qu'elle affecte négativement, et les entreprises doivent en être partie prenante, tout au moins celles qui sont clairement gagnantes dans cet essor de l'intelligence artificielle.

Cette question se pose aussi dans la fonction publique, qui échappera peut-être à des départs immédiats, mais dont les effectifs peuvent décroître du fait du non-remplacement de fonctionnaires partant en retraite. L'intelligence artificielle peut être un moyen d'accélérer la numérisation de l'État, avec un partage des informations permettant aux différentes démarches de s'effectuer sans qu'une même information soit demandée deux fois au citoyen, ce qui existe en Estonie... depuis plus de vingt ans. L'un des problèmes de l'administration française est qu'elle est très cloisonnée et qu'elle a développé une multitude de systèmes informatiques différents. La force de l'IA est de pouvoir ajouter une couche, qui permet de jouer le rôle de *front office* et va chercher les réponses dans les différents silos, permettant à une sorte de guichet unique de se mettre en place. Accompagner les fonctionnaires dans ce changement majeur va nécessiter des discussions entre l'État et les syndicats. Là encore, ces échanges pourraient être facilités par la redistribution d'une partie du « dividende numérique », qui va alléger les coûts pour l'État, en revalorisation des traitements des fonctionnaires qui ont été bien inférieurs à l'inflation ces dernières années. L'État, comme l'entreprise, sera donc au cœur d'un contrat social redistributif des gains de l'intelligence artificielle.

LE RÔLE DE L'ENTREPRISE DANS LA TRANSITION ÉCOLOGIQUE

Nous l'avons vu, l'autre changement profond dans notre contrat social, c'est le nécessaire accompagnement de la transition écologique pour tous. Il y a là deux enjeux majeurs : absorber le surcoût de la transition pour la société, et notamment les plus fragiles ; veiller, comme pour l'intelligence artificielle, à redistribuer certains gains des bénéficiaires de la transition pour accompagner les perdants. Si le premier relève de l'État, le second est paritaire.

L'entreprise, de manière générale, contribue à la transition écologique. Dans ses modalités de production, elle peut réduire les émissions de gaz à effet de serre en agissant d'abord sur l'énergie : améliorer l'efficacité énergétique, changer la source d'approvisionnement énergétique, dégager moins de gaz à effet de serre grâce à l'utilisation de technologies propres. Dans son cycle de production, elle peut aussi réduire le nombre de déchets et promouvoir leur recyclage et leur réutilisation. Dans la *supply chain*, l'entreprise peut choisir des modes de transport durables et ne collaborer qu'avec des fournisseurs qui respectent des normes environnementales strictes. Enfin, dans ses produits eux-mêmes, l'entreprise peut veiller à développer des produits qui ont une durée de vie plus longue, qui sont réparables et recyclables. Tous ces choix qui ont des coûts économiques font l'objet aujourd'hui d'obligations ou d'incitations de la part des États ou de l'Union européenne, et les entreprises sont donc déjà mises à contribution pour apporter leur pierre à l'édifice de la transition écologique.

La question est donc de savoir comment leurs choix sont valorisés de manière économique, de manière que ces surcoûts n'affectent pas leur rentabilité – et donc leur capacité future à investir au service de cette transition.

Il y a ensuite tout ce qui concerne les entreprises de la transition écologique, celles-là mêmes qui, par leurs produits et leurs compétences, sont nécessaires à la transition de l'ensemble de l'économie et de la société. Ces entreprises sont assurées de revenus importants dans les années qui viennent, notamment du fait d'incitations d'État qui appuient le développement de leur activité. C'est le cas des voitures électriques, des producteurs d'énergies renouvelables, de la mode durable, etc. Vis-à-vis de ces entreprises, il y a un double enjeu : leur croissance et leur succès sont nécessaires au pays, car ils sont pourvoyeurs d'emplois, créateurs d'expertise, et représentent un atout pour l'économie nationale en termes d'exportation ; leurs bénéfices sont le fruit certes d'un positionnement réussi, d'une recherche qui a été coûteuse, mais ils sont aussi la conséquence d'une transition accompagnée financièrement, ce qui signifie une vigilance permanente de l'État sur l'allocation de ses ressources entre la promotion de la transition et l'accompagnement des perdants de ce même mouvement. Par ailleurs, tout le monde a en tête ce qui s'était produit pour les panneaux photovoltaïques : une aide massive de l'État, qui profite avant tout à des producteurs étrangers, chinois en l'occurrence, un dumping massif, qui a mis à mal les velléités de développement d'une filière de production européenne.

Les entreprises au cœur de la transition écologique ont un rôle politique majeur : rendre possibles les politiques publiques. Ont-elles pour autant un rôle social ? La transition écologique est, dans un premier temps au moins, coûteuse ; l'investissement dans la recherche et développement, l'investissement dans l'évolution des outils de production, le coût de la main-d'œuvre relocalisée pour la production en circuit court, l'arbitrage pour des solutions faibles en émission carbone, mais coûteuses, l'expliquant. Cela entraîne des prix plus élevés pour le consommateur qui peuvent être un obstacle à ses changements d'habitudes. Deux cas de figure se présentent : les produits qui nécessitent un investissement de départ et ceux qui demeureront structurellement plus chers.

Dans la première catégorie se situent par exemple les voitures et tous les appareils permettant de faire des économies d'énergie, l'isolation des bâtiments, etc. Pour eux ont été mises en place des aides publiques, qui sont par ailleurs souvent complexes et avec des taux de recours plus ou moins forts ; ces aides permettent au consommateur de changer son mode de consommation et aux entreprises d'absorber leur coût de développement – et de créer des champions internationaux en la matière. Cependant, quelle est la durée de ce surfinancement de la transition ? quel public doit-il toucher ? quelle distorsion de concurrence représente-t-il ? et quelle en est l'évaluation ? Ce qui est certain, c'est que sans ces aides, les changements seraient bien plus lents…

Deuxième cas de figure, les secteurs comme l'alimentation et le textile, dans lesquels la mise en place de circuits courts avec un impact fort sur les coûts de main-d'œuvre rendra les coûts structurellement plus chers. Ce qui est gagné en transport est souvent largement dépassé par les normes sociales et environnementales qui s'appliquent à la production nationale, en tout cas pour la France. Prenons l'exemple du textile : notre industrie nationale a totalement disparu, et plus de la moitié de nos vêtements provient d'Asie. Pourtant, outre la tradition qui était la nôtre, la France est le premier producteur mondial de lin, ce qui pourrait représenter un secteur d'avenir pour le vêtement, le linge de table, de maison, la décoration, etc. L'entreprise sans l'État ne pourra pas être motrice d'une telle réindustrialisation, les financements de départ étant trop importants si la demande n'est pas solvabilisée. La même question se pose, avec un argument sanitaire en plus, pour l'alimentation. Ces écarts de coût seront durables : sont-ils pris en charge par l'État ? par le consommateur dans un changement de sa structure de consommation ?

Ces quelques exemples nous démontrent combien il est illusoire pour les entreprises qui font face aux surcoûts de leur propre transition écologique comme pour celles qui en sont les acteurs de penser qu'elles peuvent être éloignées de la sphère publique. Les décisions qui sont prises au niveau des États, des ensembles régionaux – voire de certaines instances multilatérales –, ont bien sûr un impact majeur sur leur avenir. Et se pose également la question de leur propre rôle dans ce nouveau contrat social de la transition écologique. Leur rôle partenarial, leur rôle volontariste dans certaines modérations de prix, leur rôle d'entraînement, leur rôle de recherche, leur rôle d'engagement.

Le premier engagement des entreprises, quelles qu'elles soient, est de mettre en place un agenda de responsabilité sociale et environnementale. Cela représente désormais un axe à part entière de leur stratégie globale d'entreprise, avec des équipes dédiées, avec la nécessité de poser des actions à l'impact mesurable. Leur deuxième engagement, c'est de sensibiliser au sein même de l'entreprise, en formant les employés aux pratiques durables et en encourageant des comportements écoresponsables. Leur troisième engagement passe par le soutien à des projets émanant soit des salariés, soit d'associations partenaires pour agir sur les territoires où elles sont implantées, dans une démarche de proximité. On attend désormais de l'entreprise qu'elle produise des externalités positives et non plus seulement qu'elle se conforme à des normes environnementales : c'est en cela qu'elle participe pleinement d'un nouveau contrat social où tous les acteurs, publics comme privés, prennent part, y compris financièrement, à la lutte contre le changement climatique.

Cet engagement des entreprises ne procède pas seulement d'une participation à un contrat social externe : il procède aussi de la mise en place d'un nouveau contrat social au sein de l'entreprise, avec les parties prenantes.

Bien sûr, les entreprises réduisent leur impact environnemental, mais elles bénéficient également d'une meilleure image de marque, de la fidélisation des clients et de gains économiques à long terme. Et elles acquièrent une désirabilité nouvelle pour les salariés et les talents.

Ce nouveau contrat social de la transition écologique, comme le retour de la double matérialité de l'entreprise que nous évoquions au chapitre précédent, rebat les cartes de l'attractivité des métiers et remet au cœur de l'organisation des fonctions comme celle de l'audit, avec un nouveau profil, celui de l'auditeur du durable.

LES AUDITEURS DU DURABLE, NOUVELLE FONCTION CENTRALE DE L'ENTREPRISE

Cette intrication de l'entreprise et des nouveaux contrats sociaux entraîne l'émergence d'une nouvelle génération de leaders économiques développant une vision holistique de l'entreprise, la seule à même de garantir sa pérennité. Les talents d'un dirigeant ne sont plus appréciés de la même façon.

Après la génération des gestionnaires est venue celle des visionnaires, mais avec une vision qui se limitait souvent au discours. L'époque est désormais à celle des visionnaires qui entrent dans le concret, dont l'action en faveur d'un monde plus durable sur le plan environnemental comme social pourra et devra être auditée et mesurée. Le chef d'entreprise doit rendre des comptes qui ne sont plus seulement financiers, même si bien évidemment la santé financière d'une entreprise conditionne son existence et qu'il ne sert à rien d'être exemplaire si l'on n'est pas rentable. Il sera jugé sur des critères de plus en plus diversifiés, et par des parties prenantes de plus en plus nombreuses. Les critères de choix d'une entreprise ne sont plus seulement liés à la rémunération. Les classements des entreprises où il fait bon travailler sont scrutés et les bonnes places convoitées, afin d'attirer les meilleurs talents.

Quant aux consommateurs, ils sont de plus en plus attentifs aux classements étayés de la responsabilité sociale et environnementale des entreprises. Consommer dans un monde limité signifie plus que jamais bien consommer. Aucun secteur n'y échappe puisque désormais on s'intéresse même aux algorithmes vertueux, fonctionnant avec moins d'énergie, pour une intelligence artificielle environnementalement responsable. Plus largement, c'est désormais l'ensemble de la société qui est partie prenante de l'entreprise. Cela fait longtemps que l'État, au travers de ses décisions, de sa réglementation et de sa régulation, est partie prenante. Aujourd'hui, la société civile, les ONG sont également des parties prenantes de l'entreprise devant lesquelles n'importe quel dirigeant peut être amené à s'exprimer de manière argumentée et chiffrée.

Cette définition précise des parties prenantes est cependant essentielle, car il existe un réel danger de se soumettre à tous les tribunaux médiatiques, même les plus éphémères, même les moins représentatifs, que sont les réseaux sociaux et notamment X. C'est pourquoi il est essentiel non seulement de savoir quels comptes rendre, mais à qui les rendre.

L'évolution technologique rapide, l'inconnu que représentent encore l'intelligence artificielle et l'illusion de son infini, l'imprévisibilité des crises et cette société du risque dans laquelle nous sommes entrés font des dirigeants actuels non pas des perpétuateurs, mais de nouveaux explorateurs. Ils n'ont plus besoin d'être des experts, mais de s'appuyer sur une expertise solide et multiple. Une telle expertise est impossible à totalement internaliser, et ce n'est certainement pas souhaitable, dans la mesure où notre société réagit avec de plus en plus de scepticisme à l'information, dont la démultiplication croît à mesure que sa certification décroît.

Ce qui apparaît aujourd'hui comme des contraintes pesant sur les entreprises – la directive CSRD, le devoir de vigilance, le *reporting* extra-financier – va devenir la garantie de l'avenir, de l'entreprise et, au-delà, de sa contribution à un monde résilient face aux crises. La CSRD est un texte fondateur : elle est entrée en application début 2024, et nous n'en mesurons pas encore tous les impacts. Elle ne modifie pas moins de quatre textes européens existants (la directive Comptable, la directive Transparence, la directive Audit et le règlement Audit), qui sont essentiels dans la vie de l'entreprise, et crée *de facto* cette tâche nouvelle d'un audit du durable en plus des missions classiques de l'audit.

Ce qui était vu comme ennuyeux va devenir passionnant, et les auditeurs du durable seront un atout majeur pour l'entreprise, non pas à sa périphérie, mais en son centre. Il y a eu l'essor des directeurs de la responsabilité sociale et environnementale, leur transformation d'un rôle de communication à un rôle d'action, intégrés aux équipes de direction, avec des feuilles de route très concrètes et des objectifs précis. Mais dans ce monde de doute permanent, aux parties prenantes si nombreuses, cette action aura besoin d'être certifiée.

Nous ne connaissons pas encore tout ce champ de la certification du durable, cela sera à chaque leader d'inventer sa propre définition. C'est ce qui rendra l'exercice passionnant et renouvellera profondément les métiers de l'audit. D'ores et déjà, les critères environnementaux, sociaux et de gouvernance sont complétés par des critères relatifs aux droits humains, mais qui sait si demain le bonheur produit par une entreprise ne sera pas un critère mesurable et de comparaison. L'essor de l'intelligence artificielle qui risque de remplacer certaines compétences de l'entreprise, et d'assister jusqu'aux membres du comité exécutif, doit là aussi faire l'objet d'une certification, notamment éthique. Il n'y a pas de neutralité de l'intelligence artificielle, ni de son algorithme, ni de la manière dont il est entraîné. Cela va donc constituer une nécessité pour l'entreprise d'afficher la manière dont les intelligences artificielles qu'elle utilise sont conçues, suivant quels critères, et d'instaurer des tiers de confiance chargés de l'évaluer.

La question de l'audit de la *blockchain* se pose pour des pays qui utilisent ce type d'infrastructure numérique comme l'Estonie, et chaque entreprise va devoir se pencher sur l'audit de ses propres infrastructures et des IA qu'elle utilise. On demandera dorénavant aux auditeurs de construire également le rapport de l'entreprise à la vérité et à la transparence *via* ce choix des tiers de confiance. Et, par ailleurs, au-delà des métiers d'audit, tout cabinet de conseil devra être en mesure d'apporter une garantie sur ses sources. Là où l'assertivité était souvent une qualité, le scepticisme quant à l'origine des informations, des chiffres, va devenir une qualité première du consultant. Les stoïciens remplaceront les sophistes.

Auditer n'est plus simplement attester de la véracité de données comptables, ce qui est cependant déjà assez complexe, c'est aussi certifier la véracité des engagements vis-à-vis de l'environnement et par voie de conséquence de l'effectivité du contrat social entre l'entreprise et la société. Depuis l'invention de la comptabilité en partie double à Venise, la directive conçue à Bruxelles est sans doute l'évolution la plus importante de cette profession.

L'entreprise engagée pour ses salariés

Notre monde sans transcendance est de moins en moins porteur de sens, avec le déclin de l'influence des grandes religions, le déclin des idéologies politiques, la consommation comme seul horizon sociétal. L'entreprise n'a certes pas vocation à créer une nouvelle transcendance. Mais elle peut – et donc elle doit – permettre aux individus qui y travaillent de s'épanouir, *via* l'éducation, l'expérience, le sens d'un projet commun, d'un engagement économique qui a un impact social. Bien sûr, il y a l'économie sociale et solidaire, mais c'est dans tous les pans de l'économie que cet impact doit se mesurer. Cela est notamment essentiel pour la jeunesse.

En 2030, 75 % des actifs dans le monde seront issus des générations Y (nés entre 1980 et 1995) et Z (1995-2010). L'entreprise ne peut que composer avec leurs attentes, comme consommateurs aussi bien que comme salariés. C'est une génération qui, si elle n'est pas uniforme, est à la fois *sustainable* et *digital native*, porteuse d'ailleurs de nombreux paradoxes. Une génération qui se définit comme engagée, qui se veut frugale, mais qui souhaite aussi bénéficier d'un niveau de confort plus important que ses aînés dans le travail. C'est aussi une génération qui attend de l'engagement de la part de l'entreprise, en miroir d'elle-même, et qu'elle apporte des solutions importantes dans sa vie quotidienne, dans des domaines qui auraient d'ailleurs paru intrusifs pour des générations précédentes. Enfin, c'est une génération qui se veut très mobile dans son rapport au travail, plus motivée par sa fidélité à ses valeurs qu'à une structure comme l'entreprise, qui remet perpétuellement en jeu la valeur qu'elle représente pour le salarié. Ainsi, d'après une étude Harris Interactive de mars 2022, 69 % des 18-30 ans se disent prêts à changer d'emploi pour un travail écologiquement utile, 65 % se disent prêts à renoncer à postuler dans une entreprise qui ne prendrait pas suffisamment en compte les enjeux environnementaux, et 60 % des talents se disent prêts à prendre un poste plus précaire pour un emploi porteur de sens.

LA QUÊTE DE SENS

D'après une étude Audencia et Jobs that make sense menée auprès de salariés et d'étudiants en 2022, 92 % des répondants sont préoccupés par le sens qu'ils mettent dans leur travail, et 42 % envisagent une transition professionnelle… Le phénomène des reconversions professionnelles est certes ancien, mais la tendance s'accélère comme l'écrit la philosophe Julia de Funès : « Beaucoup de gens ayant de beaux métiers, de belles formations, de belles rémunérations quittent tout pour un métier manuel et relationnel. » Mais ce courant s'est renforcé avec la génération Z, avec un phénomène de volatilité très fort : s'il y a une baisse d'intérêt pour le travail, le jeune salarié n'hésite pas à changer d'entreprise très rapidement, mettant ainsi à bas les efforts de formation et d'intégration.

De ce point de vue là, l'intelligence artificielle peut être une chance, en réduisant la part répétitive des tâches dévolues aux cadres et employés de bureau. La lutte contre l'ennui au travail, ce fameux *bore out*, est en train de devenir une priorité, quitte à stimuler le salarié en dehors de son travail proprement dit par des conférences, des universités internes, du mécénat de compétences, etc., tout ce qui peut donner du sens à la vie au sein de l'entreprise.

Et, parmi les éléments qui donnent du sens, la politique environnementale et sociale représente sans conteste un moteur très fort de recrutement et de fidélisation pour l'entreprise. Suivant l'étude d'avril 2022 citée plus haut, 57 % des personnes interrogées estiment qu'un travail qui a du sens, c'est un travail qui contribue aux enjeux de la transition écologique et/ou sociale. En outre, 42 % des répondants ne souhaitent appartenir qu'à une organisation à impact positif sur la société et la planète. C'est dire l'importance prise par cette nouvelle mission de l'entreprise pour les salariés, qui justifie pleinement les impacts en termes de réorientation de la production.

Un autre sondage réalisé par l'IFOP en mars 2024 démontre que, pour l'instant, les entreprises semblent à la hauteur de l'enjeu puisque 74 % des salariés estiment que leur entreprise agit en faveur de l'environnement, et 59 % qu'elle est à leur écoute sur ces sujets et prête à aller plus loin que les exigences légales. Dans la compétition pour les talents, il deviendra de toute manière indispensable de faire la différence avec ses concurrents sur ces sujets.

DES ATTENTES DÉMULTIPLIÉES VIS-À-VIS DE L'ENTREPRISE

Plus largement, il y a une grande différence entre l'entreprise que j'ai connue au début de ma carrière et l'entreprise d'aujourd'hui, avec des attentes de plus en plus fortes des salariés. Ce qui est paradoxal, c'est qu'il y a une certaine dépolitisation des rapports au sein de l'entreprise, mais, dans le contexte d'une crise des services publics, un besoin de substitution de l'entreprise à l'État. Mathieu Laine a écrit il y a quinze ans un livre qui s'intitulait *L'État nounou*. Aujourd'hui, il y a de plus en plus une demande d'« entreprise nounou », qui s'occupe des mobilités, du sport, de la bonne nutrition, du soutien à la parentalité, etc. On attend de l'entreprise qu'elle s'adapte aux choix de vie du salarié. Si demain je déménage à La Rochelle, grâce aux possibilités offertes par le télétravail, je m'attends à ce que l'entreprise me paie mes trajets quand je reviens à Paris, et je serais inévitablement déçu car le droit du travail français n'a pas pour mission d'apporter du bonheur. La flexibilité est attendue non plus du côté du salarié, mais bien de l'entreprise : la flexibilité du temps de travail, facilitée par la hausse de la productivité générée par l'intelligence artificielle ; la flexibilité du lieu de travail, avec le télétravail et la prise en charge des transports ; la flexibilité vis-à-vis des obligations familiales, notamment pour les parents. Dans un marché du travail tendu, refuser cette flexibilité pour l'entreprise serait courir le risque d'être moins attractive et de perdre des talents internes qui ont été formés. Encore faut-il trouver un juste équilibre entre attentes des employés et attentes de l'employeur. Dans le monde actuel, très à l'écoute des jeunes salariés, il est essentiel que le management porte un message clair sur ce qui est attendu d'eux. Tout contrat de travail est synallagmatique, ce qui signifie que l'engagement fonctionne dans les deux sens. Repenser les relations sociales sur la base du contrat, et non plus simplement d'une hiérarchie, n'est pas naturel en France. C'est pourtant vital pour la compétitivité de notre économie.

LA CONCILIATION ENTRE VIE FAMILIALE ET VIE PROFESSIONNELLE, NOUVELLE PRIORITÉ

D'après le baromètre de la parentalité en entreprise de 2023, 82 % des salariés seraient disposés à changer d'employeur pour un autre qui offrirait plus de services à la parentalité. C'est dire l'importance prise par cet autre critère dans le choix des actifs de rejoindre telle ou telle entreprise ou pour la rétention des talents. Et il faut avoir conscience qu'on ne résoudra pas l'impératif de parité si on n'intègre pas la question des enfants dans le champ de l'entreprise, et plus largement la question de la famille (proches aidants, etc.). Cette évolution présente également un intérêt pour l'entreprise. 80 % des entreprises qui ont mis en place une politique familiale ont constaté un mieux-être chez leurs salariés et 70 % une hausse de la productivité, toujours suivant la même étude. En revanche, il y a beaucoup d'idées fausses sur la manière d'aider à la parentalité. Plus que le télétravail, c'est la place en crèche à 58 % qui est plébiscitée, devant l'aide à la garderie (54 %) et les horaires flexibles (53 %). D'ailleurs, les entreprises qui ont mis en place un large télétravail constatent que, contrairement à ce que certains avaient anticipé, le mercredi est souvent le jour qui accueille le plus de salariés au bureau. Cela illustre le défaut d'alignement qui existe parfois entre les solutions proposées par les entreprises et les besoins exprimés des salariés parents. La politique qui a été mise en place par les gouvernements successifs pour faciliter la création de crèches d'entreprise ou pour rendre moins coûteuse la réservation de berceaux a entraîné un développement important de ces modes de garde. Mais force est de constater qu'ils ne sont pas encore assez nombreux, et qu'ils représenteraient pour les parents un facteur décisif d'attachement à l'entreprise.

FAIRE ENTREPRISE

Cependant, l'entreprise a un équilibre à trouver entre l'indispensable et la nécessaire acculturation des salariés à ce qu'elle est, son organisation, ses méthodes de travail. Le rêve d'une entreprise atome, avec un noyau central très restreint et des groupes de salariés ou des indépendants tournant autour, se rapprochant du noyau avant de s'en éloigner, au gré des missions et du sens qu'ils y trouvent, au gré des besoins de l'entreprise, s'est fracassé sur la Covid-19 et les nouvelles attentes envers les entreprises. Même les entreprises de la Silicon Valley reviennent sur le modèle de l'autonomie totale du salarié, sur les concepts d'entreprise libérée, pour repenser ce que signifie l'intégration du salarié au sein de l'entreprise.

Finalement, l'entreprise comme structure et institution reprend du terrain, elle est plus respectée que nombre d'institutions publiques, et le chef d'entreprise fait partie des figures d'autorité les plus appréciées, en hausse constante quand les responsables politiques sont en baisse. Le chef d'entreprise doit donc réassumer une responsabilité politique, au sens noble du terme, qui s'était perdue dans le dernier stade du capitalisme que nous avons connu avant les bouleversements que j'évoquais. Et la réassumer non seulement en interne, non seulement par l'action sur le monde, mais aussi par son leadership personnel. Les futurs leaders seront aussi des femmes et des hommes à dimension politique dans leur entreprise – et bien au-delà, comme le fait le P-DG d'Apple Tim Cook quand il se déplace à Pékin en mars 2023 et déclare que son entreprise entretenait une relation « symbiotique » avec la Chine, un geste de nature diplomatique et politique plus encore qu'économique.

C'est un nouveau type de talents que recherchera l'entreprise pour assurer le leadership de demain, et il est nécessaire de les identifier en interne comme en externe dès maintenant pour affronter les éléments changeants de notre monde et créer une nouvelle culture d'entreprise à même de les dépasser. Ce sont bien les talents et la culture d'entreprise, ces actifs invisibles, qui seront les sources de la valorisation de demain. Là encore, nous devons mieux connaître notre bilan humain et les savoirs que nous avons à notre disposition et savoir valoriser, au-delà des actifs financiers, nos actifs intellectuels.

Qu'est-ce que l'entreprise en ce début de siècle ? Nous l'avons vu, la notion a beaucoup évolué au fil de l'Histoire. Si l'on revient aux origines, deux définitions se complètent. D'une part, la résolution hardie de faire quelque chose. D'autre part, l'application d'une stratégie pour atteindre un but. L'entreprise est donc une aventure humaine intéressée.

Une aventure car elle relève d'une prise de risque, d'une volonté d'exploration, de la modification d'un *statu quo*. Humaine, car elle est issue d'une décision humaine individuelle et collective, décision qui débouchera sur une aventure alimentant en retour l'humanité de ses entrepreneurs. Fondamentalement humaine car on n'imagine pas encore une IA créer une entreprise. Intéressée car elle a un but : créer du bien-être social pour ses parties prenantes. Ce bien social prend différentes formes, dont l'importance relative varie dans l'histoire, mais aussi selon les géographies : création de richesses pour ses actionnaires, ses salariés, ses clients. Bien-être social là encore pour ses salariés et pour ses parties prenantes externes. L'entreprise n'est pas une aventure qui se déploie juste pour passer le temps : elle veut avoir un impact sur le monde, laisser une trace. Elle veut avoir une histoire. Chaque entreprise qui réussit à dépasser le défi du temps finit toujours par écrire son histoire.

Autrement dit, elle est une aventure humaine existentielle qui vise à produire des choses, et par voie de conséquence à changer le monde, du moins celui dans lequel elle se déploie. Au début de notre voyage, nous avons relevé la proximité originelle entre entreprise et guerre. L'histoire les a séparées, relevant la vraie nature de l'entreprise, sa différence par rapport à la guerre. La dernière cherche à changer le monde par la violence, la première à le faire évoluer pacifiquement. Évidemment, on trouvera des exemples d'entreprises qui ont eu recours à la violence, mais ce faisant, elles ont dévié de leur identité originelle et ont d'ailleurs toutes été condamnées *a minima* par le tribunal de l'histoire.

Pour autant, le caractère pacifique de l'entreprise n'est pas absolu. Une partie de l'économie relève de la fabrication et de la vente d'armes, et certaines entreprises fournissent des armées privées. Si les premières ne participent pas directement aux opérations de guerre, c'est bien le cas des secondes. Mais ces entreprises sont particulières car elles ne travaillent que pour un type de clients : les États constitués, du moins tant qu'elles demeurent dans le cadre de la loi. Elles partagent l'essentiel des attributs des entreprises « pacifiques », mais relèvent indéniablement d'une finalité différente. De surcroît, rappelons qu'aux origines de l'entreprise moderne, à la Renaissance, les liens entre entreprise et activités de guerre sont très forts. Le caractère pacifique de l'entreprise est une réalité qui concerne la majorité d'entre elles, mais il n'est pas une règle absolue.

Pour la majorité des entreprises donc, l'horizon consiste à changer le monde pacifiquement dans un monde qui change lui-même, pas toujours pacifiquement, et qui veut changer en retour l'entreprise. Telle est l'odyssée de l'entreprise au XXIe siècle. Celle d'un dialogue avec la société, pacifique, apaisé avec une société qui l'est de moins en moins.

Comment y parvenir ? En ajoutant un dernier élément à la définition de l'entreprise, qui nous avait jusqu'à présent échappé.

Une aventure humaine intéressée et profane. Nous l'avons vu, l'histoire de l'entité clé de voûte de l'économie est, dans son essence, indépendante de toute religion, quand bien même elle peut entretenir des relations avec des acteurs religieux. Ce qui ne veut pas dire que les religions ne s'intéressent pas à l'économie. Au contraire, elles s'en préoccupent beaucoup, mais de la même façon qu'elles se préoccupent de l'ensemble des activités humaines. L'entreprise n'est sacralisée dans aucune religion. Les religions peuvent aussi gérer des entreprises, mais ce faisant, elles opèrent dans le monde profane, celui des sciences économiques et de l'art du management, pas celui des mystères propres à la foi. Les *business cases* ne mènent pas à la transcendance. L'entreprise est une aventure rationnelle, mathématique même car tout, ou presque, doit se quantifier, s'évaluer, se *reporter*. Le parfait opposé des mystères religieux. Opposition presque ontologique, puisque toutes les religions visent à sortir du monde, *via* différentes formes de transcendance, alors que l'entreprise s'enracine dans le monde, tel Ulysse, attaché sur son mât pour ne pas suivre les sirènes. Il ne les suit pas, reste enraciné dans le réel, mais les écoute tout de même.

Car, si l'entreprise n'est pas mystique, elle n'est pas non plus étrangère à la recherche de sens, première étape dans la recherche d'une spiritualité. L'économie sociale et solidaire en est un parfait exemple. Elle adopte pleinement le mode de fonctionnement des entreprises, mais sa finalité est de créer une valeur sociale pour des parties prenantes qui ne sont ni les actionnaires ni les salariés. Elle ne recherche pas le profit, mais le bien-être social. Pour autant, elle doit équilibrer ses comptes et n'est donc pas exonérée des principes d'une saine gestion financière. Les entreprises ne relevant pas de l'économie sociale et solidaire cherchent, de plus en plus souvent elles aussi, à conjuguer recherche de rentabilité et quête de sens.

Sur ce sujet, il reste un dernier aspect à traiter car souvent mal compris, surtout en France : la question de la laïcité. Dans notre pays, elle entraîne des débats passionnés et parfois violents. Pourtant, le sujet est clairement tranché en droit et depuis fort longtemps. Le principe de laïcité ne s'applique qu'à l'État, pas à la société, et donc pas aux entreprises. L'État doit être laïc pour protéger l'exercice de toutes les religions, ainsi que l'athéisme, de manière égalitaire. Et ce justement parce que la société privée n'a pas d'obligation de laïcité. Chaque individu, chaque groupe humain est libre de suivre les principes d'une religion ou de les rejeter toutes. Contrairement à une opinion couramment répandue, le principe juridique français de laïcité est proche, dans ses effets, de celui de liberté de croyance aux États-Unis. Dès lors, l'entreprise, en tant que groupe humain, doit faire un choix. Adopte-t-elle une religion au cœur de ses valeurs ? S'accommode-t-elle de plusieurs religions différentes, avec inévitablement des variations en fonction de ses implantations géographiques ? Ou préfère-t-elle la neutralité ? Dans ce cas, est-ce une neutralité stricte, interdisant au sein de l'entreprise toute pratique religieuse ? Ou une neutralité bienveillante, permettant à chacun de vivre selon ses croyances, ou selon son absence de croyance, mais dans le respect de toutes et tous et en interdisant le prosélytisme ? La majorité des entreprises européennes ont choisi cette dernière voie. En France, le choix est quelque peu forcé, car la Cour de cassation a jugé à plusieurs reprises que les salariés étaient libres de pratiquer leur religion sur le lieu de travail, y compris lorsque cela implique le port de signes extérieurs, sauf à démontrer que cette pratique entraînerait un préjudice sérieux pour l'entreprise. La situation est assez proche aux États-Unis, mais s'exprime *via* des principes juridiques différents.

Face au fait religieux, si présent en ce début de IIIe millénaire, l'entreprise se doit d'être un havre de tolérance et de respect, de plus en plus à l'inverse du monde politique. L'équilibre est difficile à trouver, surtout pour les entreprises internationales, et impose souvent une modulation des actions et des communications en fonction des zones géographiques. Il est cependant indispensable. Car l'entreprise demeure une organisation rationnelle, ancrée dans le monde réel : c'est en cela qu'elle est profane.

Si l'entreprise est une aventure profane, elle se déploie dans un monde en quête de transcendance. Le dialogue avec la société, qui est au cœur de l'essence même de l'entreprise, ne peut en faire l'impasse. Cela signifie-t-il que l'avenir économique est celui d'une religion de la Silicon Valley où l'aventure entrepreneuriale viserait à créer un transhumanisme ? Je ne le pense pas, car encore une fois, l'entreprise est une aventure rationnelle qui n'existe que dans le réel, conditions qui ne sont pas remplies par le transhumanisme. Ce dernier relève d'une pensée magique qui demeure étrangère au champ de l'économie. Prétendre que l'humain peut construire sa propre transcendance, sa propre sortie de l'humanité, est une proposition absurde en ce sens qu'elle fait fi de toute logique. Un être limité ne peut s'affranchir de sa limite car sinon il ne serait justement pas limité. Croire en une telle proposition relève d'une pensée messianique qui n'a rien à voir avec l'entreprise.

Pas de messianisme donc, mais l'incontournable écoute d'un monde en recherche de transcendance, de spiritualité. La recherche de sens au sein des entreprises est une conséquence de cette prise en compte. Le passage en quatre dimensions de l'économie (actionnaires, clients, salariés, parties prenantes externes) a fait entrer, presque subrepticement, la spiritualité dans l'entreprise. Ce qui ne signifie pas religiosité, mais plutôt intégration d'une voie de l'esprit. Ce qui à son tour change profondément le rôle des dirigeants dont le leadership ne relève pas d'une compétence, ou d'une science, mais bien d'un art. Ce qui rappelle la force de la culture d'entreprise comme moteur d'adaptation face aux *process* de la bureaucratisation qui ne sont plus adaptés aux temps que nous vivons. Car, en réalité, l'entreprise n'est pas seulement pour moi un prisme particulièrement pertinent pour analyser les changements de notre monde, elle est en elle-même vecteur d'une transformation plus profonde qui ne touche pas que la matérialité, mais bien aussi notre rapport philosophique à nos modèles de société. La technique ne doit justement pas être séparée de l'esprit : c'est sans doute l'un des dangers de notre ère *technologiste* ou de la rationalité exacerbée au sein de l'entreprise, que de mettre de côté la créativité et l'originalité de l'entreprise, dans son être au monde.

Il appartient alors aux dirigeants de guider cette aventure humaine, d'incarner ce geste existentiel. Dans l'*Odyssée*, ce n'est pas Ithaque qui est importante, mais la volonté d'Ulysse de la rejoindre. Mais ne nous trompons pas : les dirigeants d'entreprise doivent faire bien mieux qu'Ulysse. Lui est certes parvenu jusqu'à Ithaque, en ayant au passage transformé le monde en montrant qu'on pouvait dépasser le déterminisme divin. Mais il y est parvenu seul, son équipage n'ayant pas survécu au voyage ! Là, il s'agit toujours d'atteindre Ithaque en transformant positivement son environnement, mais surtout en amenant tout le monde à bon port.

Mais alors, comment faire mieux qu'Ulysse ?

CHAPITRE 3

La voie de l'esprit : diriger est un acte humaniste

Le dirigeant d'entreprise se rend compte, tel Ulysse, qu'il a désormais Éole, ce mouvement désordonné du monde, contre lui et qu'il doit apprendre à naviguer par vents contraires. La phase de mondialisation dans laquelle nous nous trouvons projette plus que jamais le dirigeant dans le champ de l'action, au sens noble du terme, avec d'ailleurs plus d'agilité que les États nationaux bureaucratisés. Cette énergie d'agir, prérogative des entreprises, doit s'appuyer sur une vision nourrie par une dimension philosophique et culturelle, la seule qui permet une utilisation judicieuse de l'intelligence artificielle comme aide à la décision.

C'est cette vision qui doit permettre au dirigeant d'entreprise de décider, après intervention du savoir et de la prévision, face aux grands chocs auxquels le monde est confronté. Les dirigeants et leurs entreprises, *nolens volens*, auront à subir ces chocs tout en jouant un rôle de premier plan dans la manière dont les sociétés les traiteront. Ce « penser-global », qui place l'entreprise au cœur des enjeux de son temps, pose les fondations d'un nouvel universel, ou nouvel humanisme, qui implique une forme de responsabilité.

L'entreprise étant intrinsèquement liée à la marche du monde, elle en est à la fois l'acteur, l'écho, le réceptacle, et la microsociété en miroir d'une société de plus en plus uniformisée au niveau mondial. Cela signifie pour elle une responsabilité totalement nouvelle. Les entreprises, les marques, façonnent la société. La société change dans ses modes de consommation et sa manière de travailler. Les deux évoluent dans le nouveau cadre restreint des limites matérielles qui sont celles du changement climatique et de la finitude de nos ressources naturelles.

Pour comprendre la place de l'entreprise dans le monde d'aujourd'hui, il me semble encore une fois utile de revenir à la manière dont s'articulent la vie en société, celle de la cité, celle du monde économique à l'époque de la Renaissance. L'humanisme est une période où la culture se conçoit dans le monde. Le retour aux sources antiques qui définit la Renaissance n'était pas un repli vers un monde de l'étude éthéré, mais bien comme un moyen d'action dans le monde et notamment le monde économique. Pas de grandes découvertes sans échanges commerciaux, pas de floraison des arts et des sciences sans commerce et nouvelles richesses, pas de progrès, y compris alimentaires, sans connaissances nouvelles. La période de créativité intellectuelle artistique est aussi une période de créativité économique, ainsi que nous l'avons rappelé précédemment. Mais il ne s'agit pas de deux lignes parallèles d'innovation. Il y a bien dans l'ambition universaliste, qui est celle de la Renaissance, dans la volonté de se fonder sur les sciences et la curiosité perpétuelle de la culture, un projet d'entreprise qui connaît des débouchés économiques. Les entreprises sont celles des armateurs. Les entreprises sont celles des explorateurs. Les entreprises sont celles des scientifiques. Et les entreprises sont aussi celles des artistes, au sens premier du mot « entreprendre ». C'est cette génération de leaders nourris d'un nouvel humanisme qui émerge.

Penser et sentir le monde

LE DIRIGEANT ET LA PHILOSOPHIE

Quand on parle de retour à l'humanisme aujourd'hui, notamment pour les dirigeants, il ne faut pas le comprendre comme la « tarte à la crème » des valeurs dites humanistes que l'on proclame beaucoup et que l'on sait en général assez peu définir, mais bien de comprendre quel est le socle nécessaire à un dirigeant pour appréhender le monde et agir en conscience. Le dirigeant, dans le mouvement agité du monde dans lequel est plongée l'entreprise, doit plus que jamais élargir sa vision, sa sensibilité, au-delà des chiffres et des évidences, et se nourrir d'un terreau culturel vaste.

Or c'est l'expertise qui domine aujourd'hui dans l'entreprise, c'est-à-dire un ensemble de connaissances et de méthodes. Pourtant la culture, qui doit être demain la valeur principale de l'entreprise, va au-delà des connaissances. C'est justement la manière d'apparier les connaissances pour leur donner du sens et pour leur permettre de se déployer pour servir une vision. C'est d'ailleurs une confusion que nous faisons souvent quand nous parlons d'intelligence artificielle. L'IA sait, certes, nous apporter beaucoup de connaissances, elle sait les archiver et les ordonnancer, et s'en servir dans le cadre de *process* établis comme le ferait un expert. Mais elle n'est pas capable d'utiliser ces connaissances pour sortir des cadres, en inventer de nouveaux et produire de la pensée.

C'est pour cela que l'intelligence artificielle ne devrait pas nous faire peur. Elle n'est finalement que la continuité d'une évolution de la pensée pour l'homme. À mesure que les connaissances s'accumulent, il a fallu les apprendre, les classer, les organiser, etc., ce que facilitera demain l'IA. L'IA permet de libérer notre pensée, si elle est utilisée comme un accélérateur de connaissances, comme un instrument, comme le réceptacle de questions dont nous demeurons les maîtres, et comme le pourvoyeur de réponses qui ne sont qu'une matière première à penser – et en rien la réponse. Par ailleurs, même les réponses qu'elle fournira devront être passées au tamis des sources et de la vérité que nous avons évoqué au chapitre précédent. Elle nous libère très certainement de l'archivage des connaissances, mais en rien du doute méthodique et du retour aux sources.

Cette dimension de questionnement perpétuel est celle de la philosophie. Les grands philosophes depuis l'origine – et notamment Aristote – ne nous donnent pas les solutions, mais nous aident à réfléchir. Dans un monde de plus en plus multifactoriel comme le nôtre, les réponses ne sont pas écrites. Par exemple, la somme des *data* et l'utilisation qu'en fait une intelligence artificielle nous permettent de nous poser les bonnes questions, mais ne nous remplaceront pas dans la manière de créer des réponses. En effet, les solutions à trouver ne peuvent pas résulter de l'univers fermé qui est celui de l'intelligence artificielle : elles sont à chercher dans un monde mouvant, en crise, marqué par le retour de la tragédie dans l'histoire. L'intelligence artificielle aura toujours un temps de retard par rapport à un mouvement du monde qui, lui, n'obéit pas à des règles rationnelles et peut déroger à des évolutions connues. Prédire un conflit n'est pas possible sans une réflexion sur la psychologie d'un dirigeant, nous l'avons encore vu récemment. Cette dimension individuelle, non rationnelle, de l'histoire ne pourra être prédite par l'IA.

À l'aide des données, l'intelligence artificielle nous aidera à établir des scénarios, mais elle ne pourra prévoir la surprise, l'élément extérieur imprévu qui commande la réflexion rapide. Cette réflexion, elle peut se fonder sur des données. Elle doit aussi se fonder sur une profondeur de culture. Cette culture est, plus que des connaissances unitaires, une somme qui permet de construire une vision du monde et de se mouvoir rapidement et avec agilité dans le monde.

Je ne crois pas au solutionnisme technologique, pour reprendre l'expression d'Evgeny Morozov ; je ne crois pas que pour chaque problème il y ait une solution unique que la technologie nous apporterait – que l'IA nous indiquerait. Ce que nous avons décrit au premier chapitre suffit amplement à démontrer combien le retour du politique invalide cette idée. Il n'y a donc pas de réponse « obligée » et unique. Cela veut dire que plus que jamais il faut se tourner vers la discipline qui cherche les réponses au-delà des évidences : la philosophie, qui va devenir essentielle pour les chefs d'entreprise. Est-ce vraiment si surprenant ? En Europe, la philosophie naît de la création de nouveaux modèles sociaux grecs où la Cité entend définir des citoyens au nom d'idées qualifiées d'« universelles » qui transcendent les individus. Platon fera tant parler Socrate pour convaincre de cette transcendance universelle qui doit unir les citoyens, en opposition à Héraclite ou Anaxagore pour qui le rapport au monde ne peut qu'être individuel, freinant ainsi les projets politiques d'emprise des cités sur les individus.

Notre époque, si différente qu'elle puisse être, connaît aussi de profondes mutations dont l'entreprise est une partie prenante essentielle. Quel projet de société face à un retour de l'individualisme où les Héraclite modernes refusent le concept même de vérité pour lui préférer l'opinion d'un plus grand nombre soumis à toutes les influences ? Quel projet d'entreprise face à un retour des sophistes qui rendent suspecte toute recherche d'authenticité, de progrès, de bien-être social ? Quel exercice du pouvoir lorsque toute volonté d'action est potentiellement suspecte dans un monde qui semble préférer l'immobilisme ou le nihilisme ? De là vient le besoin impérieux de philosophie qui, à son origine, visait à éduquer de futurs dirigeants (Académie de Platon, Lycée d'Aristote) plutôt que des ascètes de la pensée détachés du monde.

Il n'est donc pas surprenant que la matière la plus précieuse et la plus recherchée dans les universités américaines soit justement la philosophie. Elle est aussi très appréciée dans les universités britanniques qui valorisent également des cursus comme l'histoire, preuve que nous sommes revenus à une ère où le questionnement et la volonté d'un savoir humaniste sont une réponse aux défis de l'IA. Savoir poser les questions, ne pas se contenter de réponses uniques, c'est savoir utiliser le meilleur de la technologie sans perdre son âme et sa capacité d'anticipation et d'adaptation. L'entreprise doit rechercher absolument ces nouveaux profils.

Il doit être étonnant pour un Français de voir que ses collègues en banque d'affaires à Londres sont titulaires d'un doctorat d'histoire ou que ses collègues américains ont étudié la philosophie. C'est d'ailleurs une des faiblesses de notre système français que de séparer autant des écoles que l'on pourrait qualifier d'« application » des écoles de « réflexion », et de ne pas établir plus de ponts entre les deux. Réfléchir sur le monde, réfléchir sur l'histoire, sur le temps long, c'est ce qui fait la différence entre un dirigeant technique qui sait appliquer des processus et un dirigeant cultivé qui sait développer des visions. Ce modèle anglo-saxon, nous devrions davantage l'appliquer en Europe continentale, et particulièrement en France.

Je suis pour ma part partisan d'un recrutement plus large, tourné vers les sciences humaines et sociales. Quand un étudiant a travaillé sur une thèse, par exemple en philosophie, sa plasticité intellectuelle est immense, et il sera plus facile pour une entreprise de lui apprendre les spécificités d'un secteur et d'un métier que d'apprendre à un spécialiste du métier la plasticité intellectuelle. La philosophie, bien sûr, développe la pensée critique. Elle permet de mieux évaluer les informations et de prévoir les conséquences, ce qui est, encore une fois, au cœur du rôle d'un dirigeant dans nos entreprises confrontées au développement de l'intelligence artificielle, dans notre monde confronté aux défis climatiques, dans notre société confrontée au défi de la justice, et vis-à-vis de nos salariés confrontés à une recherche permanente de sens. Il est nécessaire que nous pensions les actes de l'entreprise en fonction de nouvelles finalités liées à ces mutations. Appréhender les interactions entre une société technologique et l'urgence écologique est plus immédiat lorsqu'on est guidé par Heidegger, notamment dans l'essai précité. Saisir l'impact de la diversité sociale, ou de son absence, sur une organisation quelle qu'elle soit est plus évident à la lecture de Foucault. Et puis surtout, le métier de dirigeant est de douter pour ensuite sortir de ce doute dans une décision porteuse d'action. Pour paraphraser Descartes, le métier de dirigeant est donc d'être philosophe.

La philosophie nous aide à déterminer les implications éthiques de nos décisions, notamment notre responsabilité sociale et environnementale. Je suis persuadé que se poser ces questions est *in fine* un gain économique car, sans cela, nos activités ne s'intégreraient pas dans l'économie de demain, sans cela, nous ne pourrions plus recruter, et ainsi nous ne pourrions plus bénéficier de ce qui fait la force de nos entreprises, c'est-à-dire l'intelligence de nos salariés.

LE DIRIGEANT ET L'ART

Si la philosophie est une dimension essentielle de l'horizon d'un chef d'entreprise, et plus globalement d'une entreprise, les arts en constituent un autre fondement. L'artiste en lui-même peut déjà être un modèle pour le chef d'entreprise en ce qu'il produit du sens et de l'engagement. Chaque artiste, même celui qui semble le plus individualiste dans la peinture, la sculpture, l'écriture ou la composition, par exemple, est en interaction permanente, avec son temps, sa société, avec le monde. Et de nombreux arts sont par ailleurs collectifs : on pense bien sûr au théâtre, à l'opéra ou à l'exécution musicale de manière plus générale. Le chef d'orchestre constitue d'ailleurs une métaphore intéressante pour le chef d'entreprise, car il gère des individualités de très haut niveau avec des ego formidables, mais qui ne gagnent que s'ils jouent *ensemble*. Leurs talents ne sont une vraie richesse que si et seulement si on sait les apparier. Il n'existe d'ailleurs pas de modèle unique pour y parvenir. Le modèle tyrannique du chef détesté et craint par les musiciens, tel Mravinski, a produit des résultats d'exception tout comme le modèle plus collégial et empathique qu'incarna Karajan. Disons simplement que le succès des modèles dépend aussi de l'environnement politique et du contexte historique. Mravinski dirigeait en Union soviétique sous Staline, et Karajan était le produit d'une Allemagne de l'Ouest libérale. Pour les chefs d'entreprise aussi, les styles dépendent des moments historiques et des géographies dans lesquelles ils opèrent.

L'art est ensuite une respiration nécessaire à la pensée. L'art, c'est une confrontation aux synesthésies du monde, c'est un moyen pour la pensée de s'échapper, de se confronter au sensible, de parvenir à des univers où les articulations nouvelles se dessinent. C'est d'ailleurs pour les plus grands intellectuels et scientifiques du monde le complément indispensable à toute réflexion intellectuelle profonde, comme ils l'ont largement mentionné dans leurs écrits. Alors oui, il existe des moyens de détente, de gestion du stress, qui sont particulièrement importants comme, par exemple, la pratique sportive, qui ne doit pas être sous-estimée, bien au contraire. Mais l'art doit être aussi davantage valorisé au sein des entreprises, où l'on parle beaucoup de l'installation de salles de sport, de lieux de détente, de salles de sieste, mais rares sont les entreprises qui se sont dotées d'une bibliothèque, d'un club littéraire, de lieux de création ou même d'une galerie d'exposition. Le pire est souvent de voir que les bibliothèques ou autres cabinets de curiosités conçus par les architectes d'intérieur restent désespérément vides, comme si acheter des livres ou quelques objets d'art n'entrait pas dans la priorité de l'entreprise capable de dépenser bien plus en infrastructures sportives.

En général, ce sont les comités d'entreprise qui proposent des activités culturelles, sans que cela soit le fruit d'une volonté construite et partagée de la direction de l'entreprise. Pourtant, tous ceux qui ont fait ce choix de donner plus de place à l'art dans l'entreprise en ont vu les bénéfices pour leurs salariés. Je ne crois pas qu'il faille séparer ce qui relèverait du mécénat, ce qui relèverait du bien-être du salarié et ce qui relèverait des « sorties culturelles ». Cela serait une vision bien trop court-termiste et partielle, alors même que l'art dans l'entreprise peut devenir un projet global, et un projet de perfectionnement humain pour ses salariés.

L'art nous confronte à la résistance de l'humanité. Les exemples abondent de la manière dont l'art a pu accompagner et guérir l'homme confronté à la plus grande des souffrances. Nombreux sont les exemples de ce que l'art peut transcender et dans la manière dont il fait jaillir l'humanité dans ce qu'elle a de plus indiscutable et évident, surtout dans les moments où la déshumanisation peut être la plus violente. On pourrait citer Goya en peinture, Primo Levi en littérature ou Chostakovitch en musique. Sans parler du chef-d'œuvre de Platon sur la mort de Socrate qui relève autant de l'art que de la philosophie, les deux finissant d'ailleurs par se rejoindre.

Soutenir la création artistique, soutenir l'éducation culturelle en entreprise, permet de nombreuses choses. Cela permet tout d'abord de créer des centres d'intérêt communs, des respirations, ces respirations nécessaires à la pensée, au temps long par rapport au quotidien. C'est aussi la manière de forger du commun, de dépasser des barrières sociales ou d'origine. C'est une manière de parler un langage partagé au-delà des différences. Chez Deloitte, nous croyons beaucoup en la capacité de l'art à nous rassembler. C'est pour cela que nous organisons par exemple des visites familiales au Louvre, ou bien encore que nous invitons des artistes, comme le danseur étoile François Alu, pour des rencontres avec les salariés ou des interventions lors de séminaires, qui sont autant de sources d'inspiration. Je crois que ce n'est qu'une première étape d'un plan que nous devons déployer dans les prochaines années. En effet, nos métiers chez Deloitte relèvent tous d'une recherche de la vérité par l'intermédiation de méthodologies rationnelles. L'art nous met en relation différemment avec la vérité, de façon complémentaire à notre exercice professionnel.

Car, à l'heure de l'intelligence artificielle, ce sont la façon de voir et la façon de s'émouvoir, ce sont la façon d'entendre et la façon de comprendre, qui seront les plus valorisées. Cette manière de donner à la fois une formation et une émotion aux salariés répond d'ailleurs à l'attente de la jeunesse d'une dimension nouvelle et supplémentaire à trouver dans l'entreprise. Le sens, l'émotion, la formation est sans doute un triptyque qui assurera la pérennité du travail humain de bureau dans le contexte de l'essor de l'IA.

L'émotion a été longtemps considérée comme ne faisant pas partie du monde de l'entreprise. Pourtant, c'est ce qui entretient l'envie de faire des affaires. Deux robots n'iront pas déjeuner ensemble pour échanger sur leurs visions du monde, échafauder de nouveaux projets, signer un contrat. C'est d'ailleurs une des limites des lois comme la loi Sapin II, qui visent à lutter contre la corruption et à favoriser une conduite transparente et éthique des affaires, de ne pas permettre une prise en compte plus fine de cet *intuitu personae* et de la nature irréductiblement humaine des affaires. La prise de décision dépend de la confiance qui elle-même relève de la connaissance vraie de l'individu avec qui on traite au-delà de son titre ou de son discours officiel. Là encore, cela renvoie à la nature subversive de l'entreprise à ses origines, qui privilégiaient les résultats de l'action aux titres de noblesse.

C'est toujours l'humanité qui fera une différence entre une économie reproductrice, une économie de processus et une économie créatrice, une économie de culture. Et puis, si l'on rejoint Bergson, l'entrepreneur est proche de l'artiste. Il éprouve l'impérieux besoin de se confronter au monde des choses pour exprimer son identité existentielle. Le philosophe français l'exprime si clairement que le plus simple est de se référer à ses mots :

> Mais pourquoi l'esprit s'est-il lancé dans l'entreprise ? Quel intérêt avait-il à forer le tunnel ? […] La pensée qui n'est que pensée, l'œuvre d'art qui n'est que conçue, le poème qui n'est que rêvé, ne coûtent pas encore de la peine ; c'est la réalisation matérielle du poème en mots, de la conception artistique en statue ou tableau, qui demande un effort. L'effort est pénible, mais il est aussi précieux, plus précieux encore que l'œuvre où il aboutit, parce que grâce à lui on a tiré de soi plus qu'il n'y en avait, on s'est haussé au-dessus de soi-même. Or, cet effort n'eût pas été possible sans la matière : par la résistance qu'elle oppose et par la docilité où nous pouvons l'amener, elle est à la fois l'obstacle, l'instrument et le stimulant ; elle éprouve notre force, en garde l'empreinte et en appelle l'intensification. […]
>
> La nature nous avertit par un signe précis que notre destination est atteinte. Ce signe est la joie. Je dis la joie, je ne dis pas le plaisir […]. La joie annonce toujours que la vie a réussi, qu'elle a gagné du terrain, qu'elle remporte une victoire : toute grande joie a un accent de triomphe. Nous trouvons que partout où il y a joie, il y a création : plus riche est la création, plus profonde est la joie. Le commerçant qui développe ses affaires, le chef d'usine qui voit prospérer son industrie est-il joyeux en raison de l'argent qu'il gagne et de la notoriété qu'il acquiert ? Richesse et considération

> entrent évidemment pour beaucoup dans la satisfaction qu'il ressent, mais elles lui apportent des plaisirs plutôt que de la joie, et ce qu'il goûte de joie vraie est le sentiment d'avoir monté une entreprise qui marche, d'avoir appelé quelque chose à la vie*.

La recherche de la joie, celles de Bergson, de Spinoza, celles des artistes, des philosophes, c'est sans doute cela le moteur des entrepreneurs, la raison d'être de toute entreprise. C'est en cela que l'entreprise est bien une aventure existentielle, d'où le fait qu'elle ait une culture.

LA CULTURE D'ENTREPRISE

Si nous nous intéressons désormais à la question de la culture d'entreprise qui a été mise en avant ces dernières années, ce qui est intéressant, c'est que cette culture dépasse l'objet social de l'entreprise et est devenue néanmoins un élément de sa valorisation.

C'est d'autant plus nécessaire qu'aujourd'hui, dans les multinationales, s'ajoutent souvent à chaque culture des pays dans lesquels l'entreprise est installée la culture du pays d'origine de l'entreprise et cette culture commune supérieure qui est celle que l'on pourrait appeler la « culture d'entreprise ». C'est finalement une richesse collective que l'on retrouve dans les grands ensembles géopolitiques ou des organisations internationales, c'est

* Henri Bergson, *La Conscience et la Vie* [1911], PUF, 2013.

un peu l'« uni dans la diversité » de l'Union européenne, et c'est une union qui part de la culture. La citation apocryphe attribuée à Jean Monnet, qui aurait souhaité, dit-on, recommencer l'Europe par la culture, est très révélatrice de ce qui fonde un espace plus encore que les liens économiques. En cela, l'entreprise, cet espace qui semble purement économique, doit lui aussi, comme la Communauté économique européenne en son temps est devenue l'Union européenne, créer une réalité sociale et culturelle en son sein, au risque de n'être qu'un alliage fragile. En cela, l'entreprise est un lieu d'intégration et peut même être perçue parfois comme un modèle de société par la manière dont des cultures différentes y cohabitent, se mélangent et se dépassent, avec parfois la quête assumée d'un idéal supérieur qui transcende les identités particulières.

Cependant, dans un monde extrêmement fragmenté et mouvant, il ne faut pas oublier qu'une telle culture commune ne peut être figée : il y a parfois une tentation fixiste de la culture d'entreprise. Or nous ne pouvons pas, dans un monde qui évolue si vite, penser que toutes nos règles, nos valeurs, sont intangibles. Il est d'ailleurs intéressant d'interroger la notion d'ADN qui est très présente dans les discours d'entreprises, comme s'il s'agissait de retrouver une sorte d'origine mythique du geste entrepreneurial, qui constituerait la solution à chaque problème, chaque difficulté, chaque nouveau repositionnement de l'entreprise. Il est paradoxal que ce soit dans un moment où, dans les recherches les plus avancées, l'ADN exprime une mobilité nouvelle, un espoir de changement, parfois une incertitude troublante que nous insistions autant sur sa dimension d'identité, de prédictibilité, de certitude, voire de conservatisme. L'expression « rester fidèle à son ADN » démontre bien le risque de croire quasiment en une prédestination de l'entreprise. Dans un univers numérique, la transformation accélérée, l'ADN serait la stabilité qui permettrait à un corps social de conserver son unité. Encore une fois, il n'est pas possible d'avoir une telle vision dans notre société perturbée par le retour du politique. Ainsi, je crois que toute culture d'entreprise doit s'appuyer sur un point fondamental : le doute méthodique doit en faire partie, nous devons accepter ce que la philosophie nous commande, et nous interroger sans cesse sur ce que nous sommes et ce que nous voulons faire au monde.

Une autre limite à cette notion de culture d'entreprise est la tension permanente au sein d'une entreprise internationale entre les valeurs universelles et les valeurs particulières. Nous sommes dans un moment où les internationalismes s'expriment différemment. Les jeux Olympiques et Paralympiques de Paris 2024 exprimaient une forme d'internationalisme. Le retour du politique donne une place plus importante à des organisations comme l'OTAN, les crises climatiques et pandémiques redonnent de la place à des institutions comme l'OMS ou le Programme des Nations unies pour l'environnement, la volonté d'une plus grande responsabilité sociale revalorise l'OIT, avec l'espoir d'une régulation mondiale qui dépasse la seule question du libre-échange et la toute-puissance de l'OMC dans les années 1990 et 2000. Les enceintes se multiplient, mais elles ont un point commun : quel que soit leur objet, elles sont susceptibles d'être perturbées par des questions géopolitiques qui semblent de prime abord extérieures. Cela a été le cas pendant longtemps de l'Unesco. Le Comité international olympique lui-même ne peut pas se retrancher derrière la neutralité sportive quand il s'agit d'évoquer la question de la participation des athlètes russes et biélorusses aux jeux Olympiques.

L'entreprise, cette autre instance internationale, est elle-même de plus en plus soumise à des pressions, des interpellations, des injonctions à prendre position face à la Chine, à la Russie, aux conflits au Proche-Orient. Devoir se positionner sur un tel sujet illustre bien sûr la porosité entre l'entreprise et les soubresauts du monde, et la fin de l'illusoire neutralité. Mais cela illustre également le fait que les jeunes, de plus en plus désabusés de la politique, considèrent que l'engagement au sein de l'entreprise comme l'engagement associatif sont les nouveaux lieux de l'expression du politique.

Cette intrusion ne doit pas pour autant nous effrayer car, finalement, nous souhaitons faire de nos salariés des décideurs, dotés d'une culture, dotés non pas seulement d'une compréhension du monde, mais d'une capacité et d'une volonté d'agir dessus. Simplement, l'entreprise n'est pas le lieu de ces débats, elle est le lieu où on renforce sa capacité à s'interroger, à se former, à remonter aux sources, à mettre en perspective, à utiliser les données sans oublier comment elles peuvent nous enfermer. L'entreprise est en avance sur l'Éducation nationale en ce sens qu'elle ne fait plus reposer la formation sur les connaissances et l'expertise, mais bien sur la manière de s'en servir. L'entreprise doit accompagner chacun de ses salariés, par la philosophie et la culture notamment, à entamer un chemin intellectuel de compréhension du monde.

En conclusion sur ce point, si la culture d'entreprise est ce qui est le moins analysé dans la littérature de management, c'est pourtant le plus important. Aucune somme de procédures ne sera jamais aussi efficace que la culture d'entreprise. Toutes les entreprises qui ont disparu brutalement à la suite de fraudes ne manquaient pas de procédures : c'est la culture d'entreprise qui faisait défaut ou était toxique. La capacité à transmettre le projet d'entreprise, à en faire un engagement collectif, à assumer ses difficultés et ses contradictions, à l'incarner, c'est cela aussi le métier de dirigeant. Il n'y a rien de hiérarchique là-dedans. Cela relève de l'engagement à guider un groupe humain vers un horizon désirable. Les philosophes, les artistes, les entraîneurs sportifs savent le faire. Ce sont de précieuses sources d'inspiration pour le leadership, car après tout, qu'est-ce que le leadership si ce n'est la création d'une culture commune vers un objectif désirable pour chaque individu ?

Quel leader pour demain ?

Les entreprises ont pris des habitudes de lotophages : elles se nourrissent du loto des chiffres et des données, du contrôle de gestion, et ne savent plus qu'améliorer l'existant. L'industrie de l'audit et du conseil n'a pas échappé à ce travers. On ne peut pourtant plus continuer à diriger une entreprise en disant : « On continue comme on a fait, on améliore juste la marge opérationnelle. » Cela devient impossible dans ce nouveau stade du capitalisme marqué par le retour de la double matérialité et d'un être au monde si sensible à son environnement. Et cela est d'autant plus dangereux à l'heure où l'intelligence artificielle apporte un risque supplémentaire de conformisme, à un moment où tout le monde peut tirer les mêmes réponses des mêmes questions sur les modèles ouverts. Non pas que la recherche de la rentabilité soit devenue obsolète. Elle demeure, lorsqu'elle est durable et responsable, la seule mesure véritable de performance, et donc de pérennité, de l'entreprise. Mais justement, améliorer et pérenniser la rentabilité ne peut plus se faire en se concentrant uniquement sur les baisses de coûts ou les hausses de productivité. C'est par un rapport holistique aux clients, aux employés, à l'environnement que l'on peut construire une rentabilité durable et responsable. Il n'existe aucune formule préexistante pour y parvenir. Diriger est un art, depuis la nuit des temps. L'illusion mécaniste du XXe siècle l'avait occulté. Ce nouveau siècle mouvementé nous le rappelle avec force.

L'exemple du jeu d'échecs est instructif. En 1997, soit il y a près de trente ans, Deep Blue, une machine, bat Garry Kasparov, le champion du monde en titre. Depuis, l'écart entre machines et humains s'est accentué, et aucun champion ne peut rêver battre les machines spécialisées. On prédisait la fin du jeu. Ce fut sa renaissance. Les champions ont rajeuni et le jeu n'a jamais été aussi suivi et médiatique. Pourquoi ? Tous les grands maîtres s'entraînent avec des ordinateurs et maîtrisent les meilleurs ouvertures, milieux et fins de parties. L'ancienne école russe, dont faisait partie Kasparov, fondée sur sa capacité de calcul hors du commun, a été reléguée aux oubliettes par un jeune champion norvégien, Magnus Carlsen, qui est devenu le plus jeune champion du monde de l'histoire, avec le plus haut classement Elo devant Kasparov. Que s'est-il passé ?

C'est le retour de l'esprit humain. Un champion d'échecs n'est plus le meilleur calculateur, tant tous le sont désormais grâce aux entraînements *avec* les ordinateurs. C'est celui ou celle qui va prendre le contrôle du chaos. À un moment de la partie, le champion va jouer un « mauvais » coup, imprévisible pour une machine. Ce coup doit amener son adversaire dans une partie qui sort du cadre pour entrer dans des positions que le champion maîtrise mieux que son adversaire. Tout est affaire de maîtrise des fondamentaux théoriques (savoir concevoir un coup atypique suppose de maîtriser tous ceux recommandés par la théorie), de psychologie (comprendre dans quel type de partie l'adversaire sera moins à l'aise) et de timing (trouver le moment juste pour faire basculer la partie). C'est dans cet art que Magnus Carlsen est le maître absolu.

Les dirigeants doivent désormais apprendre à jouer aux échecs, mais à l'école de Carlsen. Maîtriser les solutions optimales, telles que préconisées par les experts, ou demain l'IA, concevoir une stratégie de disruption qui jouera sur les forces de l'entreprise et trouver le bon moment pour l'exécuter. L'art de la gestion du temps est le plus important. La différence entre une mauvaise et une bonne décision est souvent une question de temps.

En cela, l'IA nous débarrasse des faux leaders, ceux qui savent finalement un peu mieux que les autres dire la même chose. L'IA va lisser la conformité et faire apparaître plus nettement l'originalité, la culture, l'entraînement. Elle signe la fin des experts « fermés », pour nous ramener à l'ère des *condottieri*, des aventuriers, des explorateurs, dont le monde inconnu, dangereux, mais plein de promesses, est le terrain de jeu.

Le dirigeant doit gérer quatre temporalités : le temps de la réflexion, le temps de la décision, le temps de l'action et le temps de l'innovation. Plus que jamais, ce sont le premier et le dernier qui sont centraux, ceux qui nécessitent le plus de personnalisation, de différenciation.

Le leader de demain est donc celui qui saura être différent, qui saura utiliser aussi bien les connaissances que les émotions, qui saura nourrir sa vision d'un terreau culturel plus large. Lui seul sera en position de conduire une entreprise confrontée à l'incertitude et à une concurrence qui risque de sombrer dans l'uniformité. C'est pourquoi le rapport à la philosophie et à l'art que j'évoquais précédemment est central : seule la pluridisciplinarité, plus que l'expertise, permettra de comprendre le monde et d'y faire se mouvoir l'entreprise. Nous en revenons à la *paideia*, cette éducation large. Car l'ère de l'intelligence artificielle est celle des généralistes, de celles et ceux qui voient les liens. Cela ne correspond guère à l'éducation française, où les savoirs restent en silo, mais davantage à la vision anglo-saxonne de l'éducation, qui a un avantage supplémentaire : autoriser l'élève à prendre la parole, à émettre une opinion qui lui est propre, à débattre, à se tromper aussi. C'est en partie cela qui nous fait penser que les Américains ont un sens inné du leadership. En France, ce sont plutôt les décideurs qui ne sont pas issus du sérail qui ont développé ce type de compétences qui sortent du moule scolaire. La force des Américains est que l'on peut avoir fait les meilleures universités et savoir penser différemment.

Dans notre monde conformiste, la différence passait souvent par le carnet d'adresses, le réseau. Ce temps est terminé : les réseaux sont mouvants, la force des liens faibles, pour reprendre l'expression du sociologue

Mark Granovetter, renforcée par le numérique qui nous met tous à quelques degrés les uns des autres. Déjà en 1929, l'écrivain hongrois Frigyes Karinthy évoque six degrés de séparation entre tous les humains. On estime aujourd'hui que sur un réseau comme Facebook, l'écart ne serait plus que de trois degrés. La rente de la naissance, du capital social, est relativisée. La rente du capital économique avait déjà cessé avec la réduction du coût des études, réduction qui, cela étant, s'inverse. Reste le capital culturel.

Ce qui ne signifie pas que le nouveau monde sera sans inégalités. Elles seront simplement différentes, et la période de basculement peut représenter une opportunité d'améliorer l'égalité des chances pour les États qui se projetteront dans le futur. En effet, les réseaux de pouvoirs anciens seront remis en question par la mutation politique, technologique, sociale et écologique qui se fait jour, à l'instar de ce qu'ont connu les Bénédictins avec l'invention de l'imprimerie, et peu après la découverte d'un Nouveau Monde. La capacité à voir au-delà du brouillard de l'histoire, à embarquer toutes les parties prenantes d'une entreprise dans un projet commun d'exploration plutôt que de gestion, va redistribuer les cartes. Pour un temps, l'innovation l'emportera sur l'héritage. Les États qui en tireront le plus profit, pour leurs populations, seront ceux qui investiront le plus dans l'éducation moderne, celle des humanités qui ont toujours inclus les mathématiques. Or ce n'est pas le chemin pris actuellement. L'investissement le plus rentable pour n'importe quel État serait de mettre en place un système de bourses qui couvre l'intégralité des coûts des études, logement compris, en contrepartie d'orientations correspondant aux capacités démontrées par les étudiants. Nous en sommes loin, en France comme ailleurs en Europe. Pourtant, jamais les États n'ont disposé de recettes aussi importantes, alimentées par des impositions à des plus hauts historiques. Ce n'est donc pas une question de moyens, mais bien une question de choix.

La différence passe aussi par la capacité à sortir du cadre – et par le courage que cela représente. Cela demande une capacité à douter et à faire preuve de scepticisme. Dans une ère de post-vérité, il faut naviguer comme entre Charybde et Scylla entre le solutionnisme de la technologie, et particulièrement celle de l'IA, et le solutionnisme des *process*, que les cabinets de conseil ont d'ailleurs largement porté. Cela suppose également de la souplesse, de la résilience et de l'agilité, celle qui permet de penser le monde tel qu'il est et sera, et non tel qu'il a été, en dépassant nos cadres d'analyse traditionnels et en étant en mesure d'en tirer action et décision. Cela suppose enfin d'accepter l'incertitude et le doute. Le doute, le souci, le *Sorge* de Heidegger, touchent tous ceux qui sont concernés par le mouvement du monde ; leur être au monde est affecté par les soubresauts du réel et, plus que la plupart des humains, les chefs d'entreprise sont au contact de ce monde tellement changeant et dangereux. Le dirigeant doit être capable de gérer ce souci, de ne pas le communiquer aux salariés. On lui demande d'être capable de faire virer de bord très rapidement son organisation, de la maintenir en dynamique, d'entraîner les salariés, sans que rien laisse voir les propres difficultés auxquelles il fait face.

Pour entraîner les salariés, l'empathie est une vertu indispensable du leader actuel. Cela est d'autant plus vrai à l'heure d'une certaine froideur numérique, et à un moment où les cadres dirigeants eux-mêmes évoluent dans leur profil, de superexperts à « superhumains », où la sensibilité, l'émotion, la création deviennent des sujets prioritaires. Le leader entraînera en suscitant le respect des autres, pas la crainte, en pratiquant l'écoute active, en sachant adapter les règles aux situations particulières. L'incarnation humaine devient de plus en plus centrale : elle permettra la rencontre, elle encourage la sérendipité, elle donne un ancrage émotionnel au salarié. Pour que le leader soit respecté, il doit aussi faire preuve d'authenticité, connaître ses propres biais, redoubler d'humilité. L'IA nous oblige à nous montrer humains, trop humains, avec nos faiblesses, mais c'est ce qui fera encore plus ressurgir nos forces et ce qu'il y a de plus humain en nous, notre personnalité et notre créativité.

Le management ne consiste donc plus à gérer des organisations très hiérarchisées, très processées, mais bien à guider, à incarner, à coacher l'ensemble des équipes. Bien évidemment, le matériel de l'entreprise ne changera pas, nous l'avons vu sur la question de la parentalité et des nouvelles attentes. Bien sûr, nous avons encore besoin de points d'ancrage, physiques et temporels, encore plus dans cette période de dématérialisation, de télétravail. Je crois à la force des lieux, à leur capacité à créer du collectif. Je crois à la force des temps communs, y compris de convivialité. Lieux et temps partagés créent les dynamiques humaines au sein de l'entreprise. Mais je crois aussi que de plus en plus l'attente des salariés passe par la formation, une formation généraliste et pas seulement orientée vers le métier. Je crois à la mission culturelle et même spirituelle de l'entreprise, et à la façon dont son leader doit l'incarner. L'entreprise représente, avec les attentes de nouveaux contrats sociaux qui y sont projetés, une forme de transcendance, que le leader doit aussi incarner auprès de ses salariés.

Le leader de demain sait d'ailleurs agir dans le cadre d'une gouvernance nouvelle, qui inclut davantage de parties prenantes comme nous l'avons déjà évoqué, les actionnaires, les salariés et désormais les consommateurs, et même des institutionnels comme les ONG et des représentants de la société civile. Le modèle de leadership traditionnel, vertical, est terminé, et il ne s'agit plus d'obéir à des actionnaires en appliquant des modèles de simple réduction des coûts, mais d'être capable dans un dialogue permanent de redéfinir les feuilles de route et de prendre des paris stratégiques. Parmi les actionnaires figurent aussi de plus en plus les salariés. Entre leurs représentants et les syndicats, une nouvelle forme de démocratie actionnariale et sociale au sein de l'entreprise est en train de se créer, évoluant de plus en plus vers le modèle allemand. Le leader de demain doit être légitime auprès des actionnaires, des salariés, mais aussi des consommateurs et des différentes parties prenantes.

Cela signifie qu'il existe un réel pouvoir du conseil d'administration et de sa présidence, qui joue ce rôle d'équilibre et de respect de l'ensemble des parties prenantes, qui en quelque sorte tempère le tempérament d'explorateur que doit avoir le dirigeant de l'entreprise, évitant que l'hubris, qui menace même Ulysse le sage et le subtil, ne s'empare de lui. Je suis convaincu de l'intérêt de la gouvernance dissociée, qui correspond à notre époque, à la complexité du monde, à l'articulation des temps.

Pour le dirigeant, loin d'être une entrave, cette dissociation entre les fonctions exécutives et non exécutives permet un exercice du pouvoir plus serein et plus efficace, car au final quelqu'un qui détient trop de pouvoir fait peur et ne suscite pas forcément l'adhésion. L'existence de lieux de discussion et de contestation, la présence d'une vigie comme la présidence du conseil d'administration, permet de réduire les risques pour l'entreprise : il est apparu lors du scandale des fraudes à la mesure de pollution du groupe Volkswagen que de nombreux lanceurs d'alerte avaient souhaité se manifester, mais que la gouvernance unique et verticale du groupe ne permettait pas d'espaces d'expression. L'équilibre des pouvoirs est donc bénéfique à tous, y compris au dirigeant. Et il est bien connu que le partage du leadership est finalement le degré ultime du leadership...

LE STYLE, ATTRIBUT ULTIME DU LEADERSHIP ?

Je terminerai par un attribut qui me semble essentiel pour un dirigeant et que j'appellerais le « style ». Une telle notion peut sembler éloignée de l'univers de l'entreprise et du management de prime abord. Mais le style correspond à ce qui est de plus en plus demandé aux leaders : de l'originalité, de la créativité, de la personnalité. Il se manifeste dans la manière de faire, d'être au monde, il est le produit de l'expérience, de la culture, des partis pris, des paris, de la relation entre le corps et l'esprit, etc. Sa recette serait difficile à écrire, car justement, il ne s'agit pas d'un style générique, comme dans l'expression « un style de management », d'un style réplicable par une intelligence artificielle « à la manière de », mais d'un style qui lui est propre et profondément humain. Le mathématicien Henri Poincaré, dans *La Valeur de la science* en 1911, évoque lui aussi le style en mathématiques : « La faculté qui permet de développer, c'est l'intuition. Sans elle le géomètre serait comme un romancier qui serait ferré sur la grammaire et qui n'aurait aucune imagination. » Une intelligence artificielle ne peut pas créer son style, c'est toute la différence. Les artistes comme les sportifs vont devenir encore plus une source d'inspiration pour les dirigeants ; et ce qui les distingue, c'est justement leur style, une expression que l'on emploie pour un peintre comme pour un footballeur !

S'il y a bien un sport où cette notion de style est centrale, c'est la boxe. Le noble art est devenu à la mode depuis cinq ou six ans, et ce à ma grande surprise, moi qui ai longtemps connu ce sport enfermé dans une logique de ghetto. Plus de 60 000 licenciés le pratiquent en France – jusqu'au président de la République lui-même. Et je suis convaincu que ce n'est qu'un début, non pas seulement à cause du regain de sportivité dans notre pays à la faveur des jeux Olympiques, mais bien parce que la pratique de la boxe correspond au profil du leader d'aujourd'hui et apporte beaucoup de bienfaits, de contrepoints, dans notre monde matérialiste et virtuel. Pour ma part, je ne suis pas loin de penser que j'ai plus appris sur un ring que sur les bancs d'HEC...

La boxe, c'est d'abord une école d'authenticité. Tout boxeur le dira : pas de frime, pas de marketing, chacun est là avec ses armes, chaque erreur est immédiatement sanctionnée et devient une motivation pour continuer d'avancer en s'améliorant. C'est ensuite une école de performance, avec une recherche continue de la performance par ses moyens individuels. C'est une école de maîtrise de soi, qui révèle que le stress peut être positif en ce qu'il permet de se dépasser, et que nous devons donc apprendre à le vivre pour en faire quelque chose de positif. C'est aussi une école d'humilité, d'apprentissage par l'échec, un échec personnel, sans excuses. La boxe est enfin une école d'inventivité et d'adaptation. Les règles strictes de la boxe anglaise démultiplient la créativité des combattants. Et l'adaptation au sein d'un même combat peut être permanente. Le philosophe Axel Fouquet, dans son article « Ce que la boxe montre de l'homme », écrit ainsi : « Ces douze rounds ne se font pas à une vitesse de croisière à laquelle le corps peut s'adapter facilement. La différence des stratégies et le renversement des équilibres font que le tempo se modifie régulièrement, obligeant les boxeurs à reconfigurer sans cesse leur rythme. [...] En quelques secondes, on peut passer du *staccato* au *legato*, du *pianissimo* au *prestissimo**. »

Enfin, la boxe c'est un rapport entre l'esprit et le corps, c'est une façon d'être au monde, un *Dasein*, pour reprendre la terminologie de Heidegger. Notre époque numérique nous fait de plus en plus imaginer notre futur comme celui d'un pur esprit qui sortira de la matérialité du corps – comme l'exprime le transhumanisme américain. Or le corps reste et restera un élément indépassable de l'humanité, et la boxe en est un bon exemple. Je me reconnais dans le lien que fait Axel Fouquet entre philosophie et boxe dans son article. La boxe reconfigure l'équilibre habituel des interactions entre l'esprit et le corps, la pensée s'affranchit du corps *entrave*, du corps

* Axel Fouquet, « Ce que la boxe montre de l'homme », *Transversalités*, 2019/2, 149, p. 35-39.

pesant, du corps ennemi, du corps séparé, pour retrouver une union entre l'esprit et le corps, une spiritualisation du corps par l'esprit, une spiritualité du corps à corps, une spiritualité du ring.

Le style est indissociable de cet élan de l'esprit et du corps unis vers le monde. Ce qui définit pleinement la personnalité d'un boxeur définit aussi celle d'un leader. C'est cet élan spirituel qui fera la différence demain entre les entreprises et en leur sein.

Voici finalement la réponse à la question que nous posions au précédent chapitre. L'entreprise est une aventure humaine pacifique, intéressée et profane qui dialogue avec un monde souvent conflictuel et en recherche de transcendance. Comment mener un tel dialogue ?

Justement avec style, c'est-à-dire avec authenticité et conviction, toutes deux filles de réflexion et d'acceptation du doute comme source d'action. C'est là le point de départ d'une odyssée qui mène tout le monde à bon port.

Car personne n'a jamais suivi un tableau de chiffres et jamais nous ne devrons obéir à une IA. Diriger, c'est guider vers un avenir désirable. C'est accepter le doute pour en sortir avec une conviction. C'est agir, à partir de la force d'un collectif, pour améliorer son environnement. C'est transmettre au suivant un navire qui s'est rapproché de son Ithaque. Je connais peu d'activités plus spirituelles.

Conclusion

Ulysse, tout au long de son voyage, incarne la *mètis*, l'ingéniosité, la ruse, l'intelligence de l'adéquation aux circonstances, les qualités que doit justement avoir le chef d'entreprise dans notre monde incertain. L'*Odyssée* commence par un refus du déterminisme divin. À aucun moment Ulysse ne suit la direction des dieux. Il se fie à son jugement, à sa *mètis*. Quoi de plus logique puisque c'est déjà lui qui avait mis fin à un ordre séculaire en faisant tomber Troie grâce à cette même intelligence. L'*Odyssée* continue par une affirmation d'humanité. Face à Calypso, Ulysse refuse l'immortalité pour demeurer un homme et aimer de nouveau. Ce choix de l'humanité, à contre-courant du souhait des dieux, se traduit par un enracinement dans le monde lors de l'épisode des sirènes. Il est « lié dans un lien douloureux planté là au sol » pour résister au pouvoir des illusions et mieux être au sein du *logos*. La philosophe Barbara Cassin*

* Barbara Cassin, *L'Odyssée au Louvre*, Flammarion, 2024.

fait remarquer que le père de la philosophie grecque, Parménide, reprendra, trois siècles plus tard, exactement la même expression pour décrire la sphère de l'Être à laquelle l'Homme doit se confronter. Parce qu'il est un voyageur qui se confronte aux changements, réels ou rêvés, pour trouver son foyer, Ulysse demeure trois mille ans plus tard le symbole de tout individu confronté à la responsabilité du choix, à l'éthique de la décision.

Le parallèle avec notre époque est évident. Le déterminisme des dieux, portés par le chant des Sirènes, est l'ancêtre de l'IA telle qu'elle est souvent présentée. Calypso et son choix de l'immortalité nous font penser aux transhumanistes. Face au fatalisme et aux illusions, Ulysse fait le choix d'être là, enraciné dans le monde changeant et obscur, et de décider l'horizon qu'il veut atteindre.

Aujourd'hui, tout comme Ulysse, et à l'inverse d'une intelligence artificielle, le dirigeant ne peut reproduire des modèles face à des menaces sans cesse nouvelles, ni d'ailleurs compter sur la force de prospective de la puissance publique. Comme cela était déjà le cas à la Renaissance, l'entreprise est confrontée en avance de phase à ces changements très brusques, contrairement à des États souvent à la traîne des évolutions sociales. Les dirigeants sont donc condamnés à être les explorateurs de ces mutations, à inventer, à innover, à recourir à cette fameuse *mètis* que nous évoquions. Plongé dans l'adversité, faisant face à des dangers si différents et sans cesse renouvelés, Ulysse n'a pas d'autre choix que d'innover, d'être un pionnier, un explorateur.

C'est bien là le destin de la génération qui vient. L'horizon de la vie de bureau des Trente Glorieuses, la « fin de l'histoire », la croyance en des ressources infinies ne reviendront plus, le voyage sera permanent. Et ce voyage ne suivra pas de plan, ce qui fera du dirigeant l'Ulysse des temps modernes, un explorateur, un chef d'équipage, un humain acceptant ses doutes aussi. L'explorateur Fridtjof Nansen disait : « Ce qui est difficile demande du temps, ce qui est impossible demande un peu plus de temps. » Il ne faut pas le comprendre comme une bravade, mais comme l'affirmation qu'il y a toujours une voie de passage pour qui sait changer de paradigme.

Le voyage en lui-même sera un accomplissement, il faudra savoir en permanence mobiliser des ressources, veiller à les optimiser, afin de pouvoir le poursuivre. La raison d'être de l'entreprise, sa contribution au monde, son apport à ses parties prenantes, sera la seule boussole, son Ithaque. Nul paradoxe : l'entreprise doit être enracinée dans ses objectifs, ses valeurs, pour progresser dans un environnement incertain, ambigu, complexe et volatil. Ses dirigeants doivent eux aussi posséder cette faculté. Ulysse face aux sirènes comprend rapidement son environnement, le prend en compte et ne se laisse pas dominer, restant fidèle à ce qu'il est et à son but, son voyage. C'est d'ailleurs le cas dans la plupart des aventures de l'*Odyssée*, et c'est en cela que ce texte demeure pour moi le meilleur manuel du dirigeant d'aujourd'hui, à condition de faire mieux encore que le héros grec, et d'amener tout le monde à bon port.

Autre vertu du héros grec, l'importance du doute et d'en sortir. Douter, c'est intégrer le principe d'incertitude. Douter, c'est ce qui nous différencie d'une intelligence artificielle et nous permet de changer de paradigme. Douter est essentiel à la prise de décision pour anticiper les risques et les difficultés. Douter, c'est ce qui permet d'assurer la décision, c'est ce qui la rend aussi explicable. Douter, comme l'élan menant à une décision affirmée et partagée. Entrer dans le doute pour en sortir convaincu, et donc convaincant. Car le dirigeant, confronté par ailleurs à une nouvelle génération en quête de sens, devra convaincre plutôt qu'ordonner, susciter l'engagement des équipes, qui n'a plus rien d'automatique. Cela ne change rien à la nécessité d'assumer le pouvoir et de décider, bien au contraire. Il ne faut pas confondre écouter, insérer l'incertitude dans sa prise de décision et diluer la responsabilité. Décider, c'est accepter la possibilité de l'échec ; c'est pour cela que le leadership est avant tout affaire de responsabilité. Le dirigeant, comme Ulysse, comme un boxeur seul sur le ring, doit compter à la fois sur son authenticité, son être, et son être au monde, celui qui se révèle dans l'action.

Pour autant, il est indéniable que l'*Odyssée* ne fut pas une croisière d'agrément. Le voyage que nous avons à effectuer ne sera pas non plus de tout repos. Les risques sont nombreux et les difficultés certaines, pour un résultat encore indéfini. C'est pour cela qu'il est passionnant. Car tout voyage, toute entreprise au sens où l'entendait la Renaissance, est sa propre finalité car c'est par lui seul que l'humain se réalise pleinement, non pas comme monade, mais comme agissant sur le monde. Faisons nôtre ce vers de Hölderlin qui cristallise tout ce que nous venons de parcourir : « Là où croît le danger, là croît aussi ce qui sauve. »

Embarquons !

Table

Cet ouvrage a été imprimé sur du papier
dont les fibres de bois proviennent
de forêts durablement gérées

Cet ouvrage a été composé en ITC Galliard
chez Nord Compo (Villeneuve-d'Ascq)

Cet ouvrage
a été achevé d'imprimer
sur les presses de la
Nouvelle Imprimerie Laballery
à Clamecy (58)
en février 2025

N° d'édition : 4150-1132-X – N° d'impression : 501613
Dépôt légal : mars 2025

Imprimé en France